재미있고 쉬운

예술놀이치료기법

• 발달단계에 따른 대상별 적용 •

한유진 · 안명현 · 홍정의 · 정향미 · 강민수 · 정유진 공저

ARTS PLAY THERAPY

학지사

재미있고 쉬운
예술놀이치료기법
●
머리말

이 책은 '재미있고 쉬운 치료기법 시리즈'의 세 번째 격인 책이다. 가장 먼저 나온 『재미있고 쉬운 인지행동 놀이치료 1, 2』가 2018년 발행된 이후 벌써 3쇄를 찍었고, 그 다음에 나온 『재미있고 쉬운 인지행동 미술치료』는 2020년 발행된 이후 2쇄를 찍었기에 이 '예술놀이치료기법'이 탄생한 것은 자연스러운 단계라고 할 수 있다.

놀이치료기법, 미술치료기법, 예술놀이치료기법은 임상 현장에서 상담자들이 대상에 따른 예술치료기법에 대한 내담자들의 목말라하는 요구(need)에서 출발했다고 볼 수 있다. 상담자들은 발달단계에 따른 내담자들의 욕구에 따라 전문가들이 다양한 기법을 개발해 주길 바라고 있는 것이 현실이다.

우리가 임상 현장에서 만나는 내담자들은 유아부터 성인에 이르기까지 다양하다. 내담자들은 어린 시절 다양한 형태의 결핍과 본인이 감당하기 어려운 사건 상황에 놓였을 때 심리적 어려움을 느끼고, 이 어려움이 해결되지 못했을 경우, 다양한 증상으로 나타난다. 그러므로 유아부터 성인에 이르기까지의 모든 심리적 어려움은 어떻게 보면 자유 의지대로 놀지 못했을 때 일어난다고 볼 수 있다.

이번에 출간한 예술놀이치료기법은 예술과 놀이가 만나는 치료기법이라고 할 수 있다. 인간은 발달단계를 지나며 건강한 놀이를 해야 원만한 성격 발달을 이룰 수 있다. 이에 창작 놀이는 각 존재가 자신을 드러내는 예술의 형태로서 예술 및 치료와 관련이 있다. 프로이트(Freud, 1910)에 의하면, 인간은 꿈을 꾸는데 그 꿈은 현실의 잔재물로서 꿈속에서 격렬하게 판타지의 결핍을 소진하거나 정화한다고 하였다. 즉, 인간은 수면 중에서도 창의적 사고와 시각적·동작적 방법으로 놀이와 예술을 하고 있다고 볼 수 있다. 꿈속에서도 결핍을 소진하거나 정화한다는 것은 그런 의미에서 심리적 어려움을 겪는 인간이 놀이와 예술을 통해서 치유할 수 있는 것이다.

이 책은 제1부 예술놀이치료의 이론, 제2부 유아를 위한 예술놀이치료기법, 제3부 아동을 위한 예술놀이치료기법, 제4부 청소년을 위한 예술놀이치료기법, 제5부 성인과 노인을 위한 예술놀이치료기법의 총 다섯 개 부로 구성하였다. 각 대상에 따라 예술놀이치료를 하기 위해 라포 단계, 탐색 단계, 표출 단계, 통합 단계, 종결 단계의 치료 단계에 구성을 맞추었다. 따라서 임상 현장에서 만나는 다양한 연령대의 사람들이 여러 가지 기법을 통해 예술 놀이를 함으로써 심리적 증상을 완화할 수 있도록 단계마다 미술, 음악, 문학, 연극, 동작의 예술 영역에 맞게 대상별 놀이치료기법을 구성하여 자연스럽게 치료의 종결 단계로 갈 수 있도록 하였다.

아울러 이 책은 유아, 아동, 청소년, 성인과 노인을 위한 전 생애에 걸친 예술놀이치료기법을 개발하기 위해 다양한 현장 경험이 있는 연구진의 노력이 필요하였다. 『재미있고 쉬운 예술놀이치료기법』을 집필하기 위해서 주말마다 집필자들이 만나 미술, 음악, 문학, 연극, 동작 놀이와 관련된 예술놀이치료기법을 연구하였다. 또한 현재 코로나19 상황이어서 비대면으로 대상자들을 모아 워크숍을 진행하여 실제로 이 기법을 놀이에 적용하고 수정하였다. 그래서 언택트 시대에 할 수 있는 예술놀이치료기법도 다양하게 첨가할 수 있었고, 메타버스(metaverse)를 통해서 가상의 놀이 공간을 만들어 낸 기법도 탄생하였다. 이는 코로나로 직접 만나지 못하는 상황에서 비대면으로 했기 때문에 이루어진 산물이라고 할 수 있다.

『재미있고 쉬운 예술놀이치료기법』이 탄생하게 된 것은 집필진 모두가 함께 어우러져 놀이를 창작한 덕분이다. 또한 여러 연구원이 예술놀이치료기법을 완성하고 책을 집필하는 데 도움을 주었다. 비대면으로 예술놀이치료기법 워크숍에 참여하고 작품 사진을 사용할 수 있도록 허락해 준 김교섭, 김성숙, 김현숙, 박동숙, 박보현, 손천경, 송

은경, 신희연, 양영신, 이기은, 이지윤, 이희정, 전성경, 최지나, 허지헌, 홍상의, 황복랑 연구원에게 감사드린다. 이 책이 다양한 예술놀이치료에 종사하는 상담자에게 또는 부모가 자녀와 놀아 줄 때, 홀로 내적인 창작 욕구로 놀이가 필요한 누군가에게 널리 사용되길 바란다.

2022년 10월
저자 일동

재미있고 쉬운
예술놀이치료기법

●

차례

제3부
아동을 위한
예술놀이치료기법

제4부
청소년을 위한
예술놀이치료기법

제 **1** 부

예술놀이치료의
이론

예술과 예술놀이치료

01

고대 원시사회에서 사람들은 삶의 불안과 안전을 지키기 위해 동굴에 모여 살기 시작하였다. 고대인들은 무엇을 하며 살았을까? 아마도 자연에서 수렵채취를 하면서 생육하고 나머지 시간은 자연 속에서 자연물을 가지고 그림을 그리고 노래하고 춤을 추면서 예술을 하지 않았을까? 지금 이 시대의 현대인들은 변화와 단절, 전염에 대한 두려움으로 심리적 어려움을 겪고 있다. 인간은 어떻게 자유와 안정을 되찾을 수 있을까? 그에 대한 대안 중 하나로 예술과 놀이가 만나 신나게 놀 수 있다면 불안의 시대에서 자신을 스스로 지킬 수 있지 않을까?

한 영상매체에서 '오징어 게임'이라는 놀이가 확장되어 영화예술이 되듯이 사람들의 사고의 확장은 삶의 방향과 목적을 제시하고 있다. 이처럼 예술 놀이가 사람들의 발달 과정 안에서 인지 · 정서 · 신체를 통합하여 자신을 발견하고 현실을 살아가는 데 적응할 수 있는 태도를 만드는 기회가 될 것이다.

1. 예술이란 무엇인가

'예술(art)'의 어원은 라틴어 'ars', 희랍어 'teche'를 번역한 말이다. 'techne'라는 말은 영어 'technique'의 어원이기도 하다. '예술'의 사전적 의미는 '다른 사람들과 공유할 수 있는 심미적 대상, 환경, 경험을 창조하는 과정에서 기술과 상상력을 동원, 발휘하는 인간의 활동과 그 성과'이다. "인간은 누구나 창조적 특징을 가지고 태어난다."라는 네이선과 미르비스(Nathan & Mirriss, 1988)의 견해에 따르면, 예술의 정의는 인간이 에픽테투스, 즉 '예술하는 인간'의 측면이 있음을 나타낸 것이라고 할 수 있다. 또한 예술은 학문 · 종교 · 도덕 등과 같은 문화의 한 부문으로, 인간의 본능 안에 있는 예술 활동과 그 성과의 총칭이며, 미술, 음악, 문학, 영화, 무용 등의 공연 예술과 같이 다양한 형태로 나타난다.

고대 철학자 플라톤(Platon, 2010)은 예술 창조를 외적인 근원, 즉 신적인 영감을 가지는 것(오윤심, 1996)으로 본 반면, 낭만주의자들은 예술적 창조의 근원을 내적인 힘, 즉 무의식으로 간주하였다. 리드(Read, 1974)는 융의 예술 이론을 끌어들여 예술은 인간 본래의 삶에 대한 희망과 욕구에 의한 인간의 모든 힘, 즉 감성과 지성이 투여되는 새로운 삶에 대한 탐색 수단이며 자기실현의 수단이라고 보았다. 실존 철학자 하이데거(Heidegger, 1950)는 그의 예술론에서 인간이 자신의 존재 가치의 의미를 추구하기 위해서는 예술적인 경험이 중요하다고 주장하였다(염재철, 2014). 예술 작업을 통해서만이 자신의 진정한 가치인 자기 존재의 유일성과 독특성 그리고 숨겨진 진리의 은밀성을 드러낼 수 있기 때문이라는 것이다. 하이데거는 『예술작품의 기원(The Origin of Work of Art)』에서 예술작품의 본질은 세상과 진리를 진정으로 밝히기 위해 그 의미를 드러나게 하는 것이라고 하였다. 그리고 이 의미를 드러내는 것을 기반으로 현실을 창조적으로 재구성하는 것이 예술이며 그 예술은 문화로 형성된 우리의 삶이라고 보았다.

2. 예술의 치유성

예술의 발전은 사회문화적, 심리적 의미를 내포한다. 예술은 인간의 심리적 상태와 밀접한 관계가 있다. 인간의 심리적 상태를 크게 나누어 '희노애락(喜怒哀樂)'으로 본다면, 예술은 희노애락을 그대로 드러낸 감정 표현 그 자체이다. 프로이트(1910)는 인간은 끊임없이 문명을 창조하고 있지만, 인간이 지닌 창조적인 힘은 생존을 위해 본능적인 성적 충동의 완벽한 만족을 포기하도록 강요당한다고 말한다. 그러므로 이 좌절된 본능이 비이성적, 정신적, 심리적 에너지로 변화하여 문명의 초석이 된 것이고, 성적 에너지가 비성적 에너지로 전환되는 것을 '승화(sublimation)'라고 표현하였다.

예술은 각성상태, 즉 개인적 수준의 주의나 경계 또는 흥분상태에 영향을 미침으로써 즐거움을 환기한다. 예술은 인간의 본능이므로 아이와 예술가는 모두 자신만의 세계를 창조한다. 즉, 억압된 에너지가 예술적 에너지로 표현될 때 인간의 억압된 감정은 긍정적 해소가 일어나 치유되는 것이다. 모든 예술은 바로 인간이 가진 환상에 대한 무의식적 갈망의 충족을 포함하고 있다. 즉, 예술의 치유성은 무의식적 갈망의 충족과 본능적인 긴장의 해소로 나타나는 것이다.

02

놀이와 예술놀이치료

1. 놀이의 특성

놀이는 인간의 유희 본능과 모방 본능에서 발생하였다고 본다. 놀이는 신체적·사회적 과정을 자기와 일치시키려는 자아의 기능(Erikson, 1963)이다. 놀이는 선천적으로 동기유발되고, 자유로이 선택되며, 책으로 배우는 것이 아니라 능동적으로 참여하는 즐거운 것(Hughes, 1998)이다. 또한 놀이는 목적이 없고, 과제 지향적인 것이 아니다. 놀이는 즐거움과 재미라는 긍정적 정서, 내적 동기에 의한 자발성, 행위의 결과에 집착하지 않아도 되는 자유로움, 상징이나 은유와 같은 비사실성, 새로움을 추구할 수 있는 창조적 자유 등의 속성으로서 인간 본능의 예술적 특성과 맥락이 같다.

인간은 놀이를 통해 자신의 부정적 감정을 발산하고 통제할 수 있게 되고, 궁극적으로 감정 해소의 과정을 거치면서 자신의 내면에 있는 자기치유력을 발휘하게 된다. 인간은 자신의 몸과 마음, 영혼을 주제로 놀이하여 자신에 대한 통제력을 획득하면서 자기 고유의 가치를 향상한다. 특히 아동은 놀이를 통해 세상을 지각하고 심신의 발달을 이룬다. 아동은 자신이 창조한 자발적인 놀이를 통해서 그들 스스로를 좀 더 직접적으로 충분히 표현하게 된다. 이로써 놀이는 본질적으로 만족스럽고 신명나는 것이며 예측 불가능한 것으로서 몰입의 상태에 빠져드는 것이다. 또한 놀이는 문화 경험으로 확장되어 사람들에게 자신이 존재와 삶은 진정한 것이며 살 만한 가치가 있다고 느끼게 한다.

2. 놀이의 치유성

하위징아(Huizinga, 1955)의 호모루덴스에서는 인간을 '놀이하는 인간(homo ludens)'이라고 정의하였다. 즉, 놀이는 인간의 본능 가운데 하나라고 볼 수 있는 것이다. 놀이치료는 인간의 놀이성에 착안하여 인간의 본성으로 돌아가 인간다움을 회복시키는 과정이다. 놀이의 의미는 신의 창조 활동과 대비되는 의미로 확장된다. 놀이는 즉흥적인 예술 행위의 의미를 가지며 심리적인 깊은 내면과 만나 자신을 확장하고 영적인 성숙을 이루는 데 중요한 수단이 된다. 인간이 놀이를 통해 변화하는 것은 심리적인 현상이며 일정한 심리적인 과정을 거쳐 발생한다.

놀이는 상상력을 확장하고 현실화되며, 상상력은 정신의 놀이이고 예술로서 승화된다(진중권, 2005). 예술의 즉흥적 작업은 신의 창조 과정을 닮은 놀이와 같다. 그래서 하위징아(1955)는 놀이는 무언가의 이미지를 마음속에서 찾는 것부터 시작한다고 하였다. 창조적 영감은 우리의 의식을 따라 흐르고, 우리가 내면의 목소리에 귀를 기울여 이에 응답하는 즉흥 작업은 행동하는 직관이 된다. 삶을 예술로 승화시키는 핵심은 직관의 목소리를 듣는 것이고 선택된 재료를 바탕으로 한 자유탐색 작업이 놀이다. 창조적인 마음은 좋아하는 대상을 가지고 놀고 놀이는 언제나 맥락의 문제로 무엇을 하는가가 아니라 어떻게 하는가에 핵심을 둔다.

아동이 그들의 경험과 감정을 '놀이로 표현하는 것'은 아동이 할 수 있는 가장 자연스러운 역동이며 자기치유 과정을 뜻한다. 자기치유 과정은 심리적 발달과정에서 일어나는 심리적 문제 역시 놀이와 예술을 통해 드러나기도 하고 치유되기도 한다. 인간은 놀이를 통해 자신의 문제를 해결하고 정상적인 심리적 발달과 변환 과정을 계속해서 경험하므로 놀이는 심리치료의 도구로 사용될 수 있는 것이다. 심리치료는 인간 개개인으로서의 본성을 찾아가게 한다. 따라서 놀이는 억압된 본능에는 승화의 기능을 주고, 갈등으로 인한 사고의 어려움에 대해서는 객관적 문제 해결의 탐색과 반복적인 놀이를 통해 통제력을 얻을 수 있는 심리치료의 도구로 사용될 수 있다.

3. 예술놀이치료의 개념

　　예술이 본질적으로 심리치료의 효과가 있다는 견해를 피력한 최초의 설명은 아리스토텔레스(Aristotele)의 이론이다(조요한, 1988). 그는 이 이론에서 "관객들이 자신의 열정을 해방하고 자기를 정화 및 순화시키기 위해 비극은 연민과 두려움을 불러일으킬 수 있어야 한다."라고 주장하였다. 20세기 심리치료사들은 "예술로 표현하는 것은 인류가 오랜 옛날부터 춤과 노래, 그림 그리기와 이야기 만들기가 동일한 과정의 각 부분으로서 치유적 역할을 해 왔다."라고 말한다. 바로 이 표현적 예술이 인간을 창조적이고 완전하게 해 주었고, 예술치료사들은 예술을 서로 연결해서 사용하였으며 나아가 이것을 자연의 힘과도 연결하였다(Rogers, 1993). 이탈리아 철학자인 드 펠트리(de Feltre)는 아이들의 건강한 성장과 발달에 춤과 놀이가 중심 역할을 한다고 주장하였다.

　　놀이는 현실에서 충족하지 못한 욕구를 상상과 환상을 통해 긍정적으로 처리할 수 있게 하고 자신의 한계를 극복할 가능성을 시험해 보게 함으로써 자아성장을 이루는 촉매제의 기능을 수행한다. 또한 놀이는 은유와 신화를 창조하므로 부정적인 해결 방법을 변화시킬 수 있는 계기를 마련해 주고 몸을 포함하여 활동하기 때문에 신명나며, 예측 불가능하여 놀이를 통해 자유로워질 수 있다. 이를 놀이의 형태로 본다면, 예술 또한 상상과 환상, 은유와 신화 또한 움직임 등을 통해 나타나는 활동이므로 이러한 기능들이 바로 예술과 놀이가 맞닿아 있는 지점이다.

　　예술과 놀이가 만나 이루어진 예술놀이치료는 현대의학, 상담이론과 심리치료 이론이 통합되어 접근하는 치료 기법이다. 한 개인의 정신에 뿌리를 둔 근원적 힘과 살아 있는 창작 과정의 소산이라는 데 중점을 둔다. 이러한 의미에서 놀이, 음악, 미술, 무용, 연극, 레크리에이션 및 문학과 같은 예술 놀이는 신체적, 정신적, 정서적, 영적 영역에서 어려움을 겪고 있는 사람들의 상담이나 치료 또는 일반인들의 정신건강을 위해 활용될 수 있다. 즉, 예술놀이치료는 예술과 놀이라는 두 가지 기능과 매체가 만나 전문적으로 훈련받은 상담자가 임상 현장에서 어려움을 겪는 내담자들을 위해 어려움을 해결하고 자신의 상황에 적응할 수 있는 힘을 길러 주는 것이라고 정의할 수 있다. 융(Jung)이 "인간은 놀이할 때 완벽한 인간"이라고 정의하였듯이 치료의 궁극적인 목표는 예술 놀이와 같은 몰입의 과정을 통해 변화와 성장을 촉진하고 자기실현을 통해 완전한 인간이 되도록 하는 것이라고 할 수 있다.

4. 예술놀이치료의 특성

예술놀이치료에서는 모든 사람에게 본능적으로 놀이와 예술적 잠재력이 있고 표현하고 발산하고자 하는 내면의 욕구가 있으며, 이를 균형 있게 사용하는 것을 건강이라고 보고 있다.

김진숙(2010)은 샤머니즘과 예술에서 예술 작업 자체가 가지는 치료적 의미로서 놀이성(playing), 표현의 상징화와 구체성, 가치중립성과 안전성, 경험 및 재경험을 통한 의식 확대, 행동 변화, 관계성을 연결하였다. 이로써 몸과 예술 매체를 통한 예술창작 행위는 놀이가 되고 놀이의 매체는 예술이 될 수 있는 것이다.

예술의 가장 큰 특징은 창조성이다. 창조성은 내적 직관을 즉흥적으로 표현하는 과정인 즉흥성으로 심오한 인간의 내면을 드러낸다. 예술의 즉흥적 행위는 놀이와 같다. 놀이를 통해 예술 자체의 즉흥성이 인간의 잠재력을 깨워 깨달음을 얻고 자신을 확장하는 경험을 하게 한다. 예술은 자유로운 신성한 놀이이며, 치료적 해결을 넘어 영혼을 깨우는 놀이에 이르러 인간의 삶을 성숙하고 영적인 성장의 열매를 맺게 하는 과정이다. 이러한 과정이 예술놀이치료가 되는 것이다. 즉, 즉흥적 행위로서의 예술과 놀이는 파트너를 이루어 함께 가는 치유 과정이라고 할 수 있다.

허효범(2014)의 생태학적 예술놀이치료에서 예술놀이치료의 특성을 변형하여 재구성한 내용은 다음과 같다.

• 예술놀이치료는 무의식을 의식화하는 과정의 중요한 매개체이다

예술과 놀이는 자극을 통해 무의식에 통로를 만들고 잠재되어 있던 호기심을 깨우고 다시 역동적으로 표현하게 한다. 또한 그 과정에서 잠재된 에너지를 표출할 수 있으며 정서적 카타르시스를 경험하고 의식과 무의식, 현실과 이상, 자기와 타인 등의 소통을 증진한다(Chodorow, 1991/2003).

• 예술놀이치료의 신체적 움직임과 표현을 통해 정서적 문제에 심도 있게 접근할 수 있다

스트레스로 인해 정서적으로 문제를 보이는 인간은 신체 기능이 부자연스럽고 긴장도가 높으며, 근육이 굳어 있어 전반적으로 몸이 경직되어 있다. 예술놀이치료는 예술 작업을 통해 인간에게 심신의 이완 및 스트레스에 대한 저항력을 증진시키고 자율신경계 조절을 통해 긍정적인 감성 상태로 변화하게 하여 몸의 항상성 유지에 도움을 줄 수 있다고 본다(김시욱, 2005). 예술 및 놀이 활동은 인간에게 흥미를 유발할 수 있고 마음껏 뛰놀며 다양한 창조적 과정을 경험할 수 있게 된다. 그 과정에서 두려움과 긴장, 억압된 감정을 자유롭게 표출하여 신체적 자유로움을 경험하고, 정서적 해방감을 느낌으로써 심신이 이완되어 정서적으로 힘든 상황에서 벗어날 수 있게 한다.

• 예술놀이치료는 신체의 감각을 조직화하여 수많은 감각을 이끌어 냄으로써 잠재적 능력을 깨울 수 있다

아동기의 놀이는 아동이 시각, 청각과 함께 신체의 감각을 조직화함으로써 수많은 감각을 이끌어 낸다. 아동은 뇌에 영양분을 주기 위한 움직이는 감각을 찾기 위해 움직이는 것이다(Ayres, 2009). 즉, 인간의 뇌는 인지, 정서 행동 등 다양한 감각 통로로 서로 연결되어 상호작용하기 때문에 아이들이 심리적으로 건강하게 성장하려면 뇌에 인지,

정서 행동이 골고루 통합될 수 있도록 즐거움을 줄 수 있는 자극을 제공하여 아동의 잠재적 능력을 깨울 수 있다. 이러한 자극으로 예술과 놀이가 될 수 있는 것이다.

- 예술놀이치료는 인간의 감각을 자극하여 흥미를 유발함으로써 적극적 상상을 이끌어 낼 수 있다

예술놀이치료의 자원은 자연, 신체, 놀잇감 등 다양한 매체를 활용한다. 특히 자연에는 다양한 빛깔, 선, 질감, 형태, 무늬, 냄새 등을 지닌 생명이 신비롭고 변화무쌍한 현상으로 존재한다. 자연에서 만나는 부러진 나뭇가지, 돌멩이, 풀 한 포기, 떨어진 낙엽, 이름 모를 들꽃 등은 살아 있는 생명으로서 인간의 감성을 살아나게 하고 잠재된 오감의 잠재력을 일깨운다(하정연, 임재택, 안명숙, 진보경, 이미래, 2013에서 재인용). 다양한 매체를 활용하는 예술놀이치료는 창조적 상황을 연출하여 인간에게 내재되어 있는 표상심리를 자극하고 인간의 무의식과 결합하여 적극적인 표현 활동으로 적극적 상상을 이끌어 낼 수 있는 장점을 가지고 있다.

- 예술놀이치료는 생명의 본성인 근원적 통합 지향성에 접근한다

실러(Schiller, 1995)는 미적 활동은 감성과 이성의 매개자라고 하였다. 즉, 예술과 놀이의 불가피한 관계를 강조하였다. 독일의 철학자 한스게오르크 가다머(Hans-Georg Gadamer, 1960/2000)는 놀이하는 자가 어떤 것을 유희하면서 자신의 자기 연출에 도달한다고 하였다. 자기 연출이야말로 진정한 놀이의 본질이자 예술 작품의 본질이라고 설명한다(진교훈, 1988). 요한 하위징아(1971/2010)는 놀이는 무언가의 이미지를 마음속에서 찾는 것부터 시작된다고 하였다. 예술과 놀이의 적극적이고 창조적인 통합은 모든 감각을 하나로 연결해 각각의 경험을 자아와 통합해 나가는 인간의 본성, 즉 생명의 근원적 통합 지향성에 다가가려는 노력이라 할 수 있다. 그러므로 예술놀이치료는 창조성을 잃어 인간의 본성에서 멀어져 있는 사람들에게 자유로운 예술 놀이를 통해 자

연의 질서와 하나 되고 자연과 균형 속에서 자신을 찾고 드러내 근원적 본성에 가깝도록 삶을 있는 그대로 경험하게 하는 것이다.

5. 다섯 영역(미술, 음악, 문학, 연극, 동작)에서 예술놀이치료

아동과 성인이 창조적이 될 수 있고 그 전체 인격을 사용할 수 있게 되는 것은 놀이이며 개인의 자아를 발견하는 것은 창조적인 존재, 즉 예술하는 인간이 되는 것을 통해서 찾을 수 있다.

위니컷(Winnicott, 1982)은 창조적 삶과 인간의 문화적 삶의 전반으로 확장되는 놀이 영역이 가지는 이론과 실제 모두의 중요성을 강조한다. 인간은 내면의 목소리와 신뢰가 있는 곳에 잠재적 공간이 있다고 한다. 이 공간은 아기, 어린이, 청소년, 성인이 놀이로써 창조적으로 채울 수 있고 때가 되면 문화유산을 즐길 수 있는 것이 되며 분리된 무한한 영역이 될 수 있는 공간이다. 놀이와 문화 경험이 위치한 이 장소의 특징적인 모습은 그 존재가 유전적으로 물려받은 성향이 아니라 삶의 모든 경험에 달려 있다는 것이다. 이처럼 위니컷은 상담자와 놀이가 겹치는 잠재적 공간을 치유적 공간으로 보았다. 내담자와 상담자 그리고 놀이가 겹쳐지는 잠재적 공간에서 치유와 성장이 일어난다고 하였다. 그 잠재적 공간은 예술적 공간이며 예술과 놀이를 통해 치유의 장소가 되는 공간인 것이다. 예술놀이치료는 잠재적 공간에서 예술 놀이라는 매체를 통한 창작 과정으로 표현된다.

예술놀이치료는 잠재적 공간에서 미술, 음악, 연극, 무용/동작, 문학, 영화, 사진 등 다양한 인간의 창작력과 상상력을 활용하여 치유가 일어난다. 이 책에서는 미술, 음악, 문학, 연극, 동작의 다섯 영역에서 예술 놀이를 활용한다. 그러므로 예술의 다섯 영역에 대한 치료적 요소와 의미를 살펴보고자 한다.

미술 놀이는 치료 과정에서 매체, 심상 그리고 창조적 과정이 도입되고, 개인의 창조적 결과물인 미술 작품은 환자나 내담자의 발달, 능력, 개성, 홍미, 관심, 갈등 등이 반영된 것이며 그 작품의 의미를 이해하는 과정이다. 미술은 자연스럽고 즐거운 놀이로 자발적 참여를 이끌어 낼 수 있다. 내담자의 손으로 직접 새로운 것을 만들어 내고 구성하도록 다양성과 창조적 시각으로 문제를 해결하고 바라볼 수 있도록 한다. 또한 직접 다양한 매체를 만지고 다루면서 실제적인 경험을 갖게 하여 감정을 인식시키며 신체적 에너지를 증진한다. 따라서 미술 창작 작업은 색상, 형태, 선, 공간성, 명도, 채도, 질감 등의 구성 요소로 사용되고 또한 치료 과정으로 전개되어 인간의 문제해결 능력을 촉진한다.

음악 놀이는 음악 자체에 특성과 힘이 있다. 음악 자체가 치료 효과를 촉발하고 강화하는 가장 중요한 수단인 것이다. 음악과 음악적 경험 그 자체가 카타르시스나 심미적 경험 등과 같은 치료 효과가 있고, '흥얼거림(musincing)' 자체는 놀이와 같이 즐거움을 주는 가장 소중한 인간 경험 중 하나이다. 음악은 쉽게 접근할 수 있으므로 자신의 에너지나 정서를 표현하는 데 어려움을 겪는 내담자들에게 아주 효과적이다(Nathan & Mirviss, 1998/2011). 음악을 듣는 사람이나 연주하는 사람이나 고유한 진동의 속삭임을 경험하게 되며, 영감과 마음의 연결 통로와 만나 자신을 잊어버리고 조화로운 균형을 이루어 편안함을 경험한다. 내담자는 자기표현, 소통, 자기실현을 목적으로 찾아오게 되고, 상담자는 내담자에 맞게 치료 상황을 디자인한다. 상담자는 내담자를 만나고 접촉하기 위해, 안정된 환경을 만들기 위해, 내담자의 모습을 반영하고 내담자를 자극하기 위해 다양한 음악치료 방법을 준비한다. 상담자는 즉흥적으로 음악을 제공하고 이에 내담자가 반응하도록 하는 놀이를 진행한다. 상담자는 창조성과 자발성, 직관을 갖고 내담자와 조화를 이루는 음악적, 치료적 통제를 통해 치료적 효과를 추구한다.

문학 놀이는 인간의 능동적인 정보처리 기능에 따라 양질의 정보를 공급-수용하는 과정을 통해 내면의 힘을 길러 주고, 자신의 감정을 해소하며 자신의 문제를 통찰할 수 있도록 돕는다. 문학 자체가 상상력이 동원된 놀이인데, 문학 작품은 독자에게 내면의 감정을 건드리고 동일시를 느끼게 해 주며 흥미와 카타르시스를 경험하게 한다. 그러므로 문학 놀이는 증상의 치유나 자기성장을 위해 의도적으로 시나 다른 형태의 문학 작품을 사용한다. 현실 세상에는 삶의 주체가 있듯이 문학 작품에서도 등장인물을 통해 현실 세계에서 일어나는 사건이 전개된다. 문학의 내용은 독자나 내담자의 삶을 비추어 주는 탁월한 거울 효과가 있다. 문학 속 등장인물은 작가가 창조한 인물을 통해 거울 효과를 주며 통찰을 준다(이상우, 1999). 그러므로 상담자는 문학 작품을 통해서 내담자로 하여금 보이는 것(seeing)을 넘어서 보도록(looking at) 혹은 등장인물과 조우하도록(encountering) 도와줄 수 있다.

연극 놀이는 역할과 주제, 소도구를 이용하여 내담자에게 놀이의 기회를 제공하여 스트레스를 풀어 주고 정서적인 안정을 찾으며 정체성과 다양한 역할을 연습할 수 있는 경험을 하도록 돕는다. 연극 놀이는 내담자가 문제를 해결하고 정화를 경험하며, 깊고 넓은 내적 경험을 확장하고 심상의 의미를 이해하여 역할 간의 상호작용을 통해 융통성을 증진하는 동안 개인 역할을 관찰하는 능력을 강화하기 위해 자신의 이야기를 말로 표현하도록 돕는 적극적인 방법을 사용한다(Nathan & Mirviss, 1998).

연극 놀이는 집단공동체의 공동체 의식과 집단 갈등을 해결하는 역할을 해 왔다. 고대의 제례의식, 민속놀이, 마당놀이 등이 그러한 역할을 하였다. 특히 굿이 개인의 소망과 갈등을 표출하고 해결하는 통로였다면, 마당놀이는 집단의 내재된 갈등을 표출하고 해결하는 역할을 하였다. 개인의 발달과정에서도 연극 놀이는 가족 내, 사회의 다양한 역할을 배우고 익히는 수단의 역할을 하였다. 때로는 일상생활에서 표현하지 못하는 다양한 욕구와 좌절감 등을 표현하는 수단이 되기도 하였다. 소꿉놀이는 자신과 가족의 다양한 역할을 배우게 되고 극놀이에 몰입함으로써 억눌렸던 자신의 욕구가 자연스럽게 해소되며, 다양한 역할 놀이를 통해 상대방의 입장을 이해함으로써 상대방을 인정하고 교류하는 방법을 배우게 된다. 연극 놀이는 연출가, 보조 자아, 관객들이 자신의 모습을 있는 그대로 봐 주는 것과 어느 누구에게도 하지 못했던 숨기고 싶었던 이야기를 들어 주어 수용되는 경험을 하는 것이 중요하다. 이 경험을 통해서 자신의 장점을 칭찬하고 자신의 단점을 받아들이는 건강한 자아가 발달하게 된다.

동작 놀이는 신체와 신체의 접촉을 포함하는 신체 움직임으로 자기 인식, 정신내적 표현과 비언어적 의사소통을 가능하게 한다. 창의적인 동작의 즉흥적 움직임과 무의식적이며 자유로운 연상적 동작은 동작 놀이의 치료 과정에 기본이 된다. 즉, 동작 놀이를 치료 방안으로 다루는 상담자들은 인지과정과 감정, 동작 등의 상호 연관성을 찾으려고 노력한다. 동작놀이 치료의 주된 목표는 내담자가 보다 더 능숙하게 신체의 통합과 인식을 할 수 있도록 도와주는 것이다. 동작 놀이 안에서의 움직임 놀이는 촉진적 환경을 제공하여 충분히 좋은 어머니로서 안전하고 신뢰할 수 있는 놀이 공간을 제공한다. 이를 통해 자아는 신체와 신체의 접촉을 포함하는 신체 움직임을 통해 자발적이고 창의적인 움직임 놀이를 경험하고, 건강하고 성숙한 존재로 나아가게 된다.

03

발달단계에 따른 예술놀이치료

예술치료가 비언어적인 매개체에 의해 이루어지는 만큼 각 예술 매체가 가지는 발달적 맥락의 치료성을 이해하는 것은 아동을 대상으로 하는 치료사뿐만 아니라 모든 예술심리치료 전문인에게도 중요한 부분이다. 발달적 맥락의 예술치료 이론을 정립한 연극치료사 데이비드 존슨(David Johnson, 1982, 1986: 한국표현예술심리치료협회, 2005에서 재인용)은 예술치료의 필요성을 다음 절과 같이 제시하고 있다.

1. 인간 발달에 따른 예술 매체

현대 심리학자들은 인간의 인성 및 심리적 문제를 발달적인 맥락으로 보고 있다. 인간은 누구나 창조적 특징을 가지고 태어나고, 유아기의 인간은 오로지 감각 기능을 이용하여 세상의 모든 것을 받아들이고 이해하며 꿈과 환상을 창조한다고 하였다(Nathan & Mirviss, 1998/2011).

심리학자들이 제시하고 있는 이론의 공통점은 한 개인의 인성과 정신, 정신적 · 심리적 문제가 생의 초기 단계인 첫 3~5년 사이에 형성된다는 것이다. 이러한 사실은 유아의 인격과 정신적 · 심리적 문제 형성이 언어 이전 차원의 매체라고 할 수 있는 신체 감각 및 운동, 소리 및 리듬, 놀이, 색상 및 이미지에서 형성되었다는 의미가 된다. 이러한 맥락으로 볼 때 발달 초기에 비언어적인 내용으로 채워진 심리적 문제를 언어 요소만을 통한 심리치료로 접근하는 것은 어려움이 있다고 가정할 수 있다. 따라서 예술놀이치료는 비언어적 경험 차원의 상호 소통을 가능하게 하는 신체 감각 및 운동, 소리 및 리듬, 놀이, 색상 및 이미지 등의 매체를 활용함으로써 안전하면서도 효율적으로 생의 초기 단계에서 유래하는 심리적인 이슈에 접근하고 여기서 다루는 문제를 치료할 수 있다고 보는 것이다. 이러한 언어 전(pre-verbal) 단계 차원의 예술 놀이는 현대 심층심리학자들이 중요하게 보는 한 개인의 인성발달 초기에 해당되는 개인적인 발달적 이슈뿐만 아니라 원형적인 발달단계에 해당되는 이슈를 효율적으로 다룰 수 있다는 것에 의의가 있다고 할 수 있다.

인간의 예술 놀이는 영아부터 성인에 이르기까지 발달한다. 막 태어난 영아부터 아동기 이전에 해당하는 대상은 놀이를 통해 인지와 정서가 발달한다. 영유아는 오감각을 활용한 혼자 놀이의 단계에서 병행 놀이의 단계로 발달하다가 또래와 연합 놀이의 단계와 규칙이 있는 협력 놀이의 단계로 발전한다. 이러한 발달단계를 거치며 성장과 성숙을 향해 나아갈 수 있다. 이렇게 발달단계는 예술 영역에 따라 다양하게 놀이로 경험되는데, 이때 진정한 예술 놀이를 경험하면서 영아는 유아, 아동, 청소년, 성인 및 노인으로 성숙해 간다. 이 예술 놀이의 발달단계는 어느 한 지점에 고착화되어 어려움을 야기할 수 있지만, 건강하게 발달된다면 인간 삶의 전 영역에 걸쳐 예술 놀이가 인간에게 자유로움을 주게 될 것이다.

임상심리학자이면서 예술치료사인 존슨(1982, 1986)은 피아제의 인지발달적 관점, 프로이트의 심리성적 발달에 관한 정신분석적 견해, 생애를 걸친 심리사회적 발달심리학자인 워너(Werner), 에릭슨(Erickson), 큐블러 로스(Kübar-Ross), 레빈슨(Levinson) 등 여러 학자의 이론을 종합하여 유아의 발달은 신체 동작적 차원에서 이미지나 제스처 그리고 언어 형태의 표현으로 이루어진다고 보며 단계를 나누었다.

첫째, 감각적으로 움직이는 단계로, 영유아가 스스로의 내면 및 외면 세계에 대해 신체적 느낌과 소리, 동작으로 반응하고 자기 몸을 탐색하며 논다.

둘째, 행동하는 단계로, 유아가 주위 대상을 알아보고 반응하고 물건이나 장난감을 집어드는 신체적 행동이나 동작을 통해 직접적으로 외부와 접촉하려는 단계로서 신체적 조절이 가능하도록 훈련한다.

　　셋째, 상상의 이미지를 구성하는 단계로, 이전 단계의 동작이나 소리가 어떤 특정한 형태를 취함으로써 이미지가 생겨나는 단계로서 사물이나 사람들을 알아본다.

　　넷째, 이미지 표현 단계로, 보다 강한 표현으로 대상을 정의하거나 접촉할 수 있고 특정한 대상을 비슷하게 그릴 수 있다.

　　다섯째, 상징화 단계로, 대상을 보다 복합적 차원을 표상할 수 있으나 다양한 사물이나 사람을 상징화하지는 못한다.

　　여섯째, 언어 단계로, 언어 차원으로 자신의 경험을 표현할 수 있고, 인지적 학습으로 확장할 수 있다.

2. 발달 과업에 따른 예술놀이기법 구성

　　예술이 예술놀이치료로 사용될 때 언어 이전의 유아의 상태로 안전한 퇴행을 가능하게 하고 상담자는 상징적인 어머니로서 그동안 해결되지 못한 병리적인 역동과 대상관계 상황을 회복하게 도와주는 역할을 하면서 성장을 촉진한다. 이 책에서는 예술놀이치료를 통해 신체적·인지적·정신적·사회적인 성장을 촉진할 수 있도록 유아기, 아동기, 청소년기, 성인 및 노년기 발달에 따른 기법을 개발하였다. 각 발달단계에 따른 예술놀이치료는 발달 과업에 따라 다섯 영역(미술, 음악, 문학, 연극, 동작)으로 나누어 기법을 개발하였으므로 대상에 따라 적용한다면 상담 현장에서 상담자들이 유용하게 활용할 수 있을 것이라고 기대한다.

　　각 단계에 따른 예술놀이치료기법의 이론적 근거는 다음과 같다.

　　유아기 발달단계에 따른 예술놀이치료는 유아기의 발달 과업으로서 감각운동적 차원의 예술 놀이를 많이 활용하도록 예술놀이기법으로 구성하였다. 상담자는 안전한 대상이 되어 유아가 예술 놀이를 중간 대상으로 경험하도록 예술 놀이를 통해 보고, 만지고, 냄새 맡고, 흔들고, 맛보고, 돌보는 등의 감각통합적인 기법이 될 것으로 구성하였다.

아동기 발달단계에 따른 예술놀이치료는 인지 발달에 따른 행동화, 형태, 도상 차원의 예술놀이로서 다양한 각도에서의 형성(shaping)이 될 수 있도록 중점을 두었다. 또한 예술놀이 매체는 호기심과 재미, 반복적인 연습을 통한 인지적 확장을 할 수 있도록 예술놀이치료를 구성하였다. 이러한 예술놀이 활동은 에릭슨의 아동기 발달단계에 따라 근면성과 훈련을 통해 유능감을 내면화할 수 있도록 구성하였다.

청소년기 발달단계에 따른 예술놀이치료는 정체감(sense of identity)을 형성할 수 있는 데 중점을 두었다. 청소년들에게 자신과 남을 알아가도록 하는 인지 확장, 감각 전달과 운동 매체로서의 도전, 동일시, 또래와의 협동, 나눔, 논리적 사고의 증진으로서의 사회 인식, 단계적 사고의 증진을 위한 간접 경험으로 현실 감각을 증대할 수 있는 발달적 적응을 중심으로 예술놀이치료를 구성하였다.

성인 및 노년기 발달단계에 따른 예술놀이치료는 생산성과 통합을 경험하도록 중점을 두었다. 성인에게는 생산성을 위해 구체화된 문제의 경험과 이를 통한 인식 확대와 관계의 확장, 타인에 대한 공감적 배려, 내면 탐색, 잠재력 개발, 내면의 나와 만나기에 중점을 두어 예술놀이치료를 구성하였다. 노인에게는 과거로의 행복한 회상, 삶을 극복한 경험, 비움과 나눔, 좋은 것과 나쁜 것을 통합해 초월해서 볼 수 있는 통찰, 현명한 노인으로서 다음 세대로 전수할 수 있는 예술놀이기법을 중심으로 구성하였다.

따라서 이와 같은 발달과정을 종합해 볼 때 예술 놀이는 대상관계에서 대상 사용으로 전환되는 과정과 관계되며 예술 놀이로서의 대상 사용의 심리학적 의미를 제시한다. 다시 한번 말하자면, 예술놀이치료는 내담자와 상담자의 두 놀이 영역이 겹치는 곳에서 발생한다. 인간은 자신의 몸과 마음, 영혼을 주제로 자기 고유의 가치로 나아갈 수 있도록 하는 것이 잠재적 놀이 공간이다. 예술놀이치료는 이 잠재적 공간에서 내담자와 상담자, 예술로서의 놀이가 만나서 변화와 성장이 일어날 수 있도록 하는 것이다. 곧, 인간 본연의 놀이성과 예술성이 자기 안에서 자유롭게 발휘되도록 예술로 놀아 보자.

제2부

유아를 위한
예술놀이치료기법

04
라포 단계

<table>
<tr><td>1</td><td>미술 놀이</td></tr>
</table>

1	미술 놀이

친구야, 안녕?

1) 준비물

색 풍선, 유성 매직, 네임펜, 풍선 불기 도구(공기 주입 도구), 여러 가지 스티커

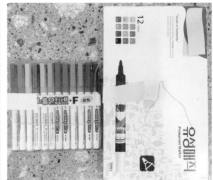

준비물 예시

2) 적용 유형

개인, 집단, 가족

3) 목표

- 쉽고 흥미로운 매체를 활용하여 즐거움과 친밀감을 형성한다.
- 풍선 꾸미기를 통해 가족 구성원을 이해한다.

4) 작업 과정

① 도구를 이용해서 풍선을 분다. 가족 구성원의 수만큼 풍선을 분다.

② 풍선에 가족 구성원의 특징을 그림이나 글자로 표현하거나 스티커로 완성한다.

③ 꾸민 가족 풍선을 소개한다.

④ 이때 상담자도 풍선을 꾸미며 자신을 소개한다.

⑤ 오늘의 활동에 대한 느낌을 나눈다.

⑥ 활동 후 가족 풍선을 집에 가져가도록 한다.

작업 과정 예시

5) 적용 및 수정

- 가족이나 집단상담의 경우, 풍선 한 개를 함께 꾸미고 가족 구성원 또는 집단원의 이름을 부르며 전달한다(이때 풍선이 터지지 않도록 공기 주입을 조절한다).
  예) "○○아(야)~ 받아~"

2 미술 놀이

마음대로 확장하기

1) 준비물

8절 도화지, 4절 도화지, 수채화 물감, 물, 채색 도구, 풀, 분무기, 빨대, 1회용 접시

준비물 예시

2) 적용 유형

개인, 집단

3) 목표

• 물감 매체를 활용하여 조절을 경험할 수 있다.

• 그림을 자유롭게 더 넓은 화면으로 연결하여 그려 봄으로써 심리적 이완을 경험한다.

4) 작업 과정

① 8절 도화지에 수채화 물감을 짜서 데칼코마니(펼친 그림)를 만든다.

② 완성된 데칼코마니를 4절 도화지 중앙에 풀로 붙인다.

③ 붓에 물을 묻혀서 데칼코마니 그림을 자유롭게 확장하여 표현한다.

④ 오늘의 활동에 대한 느낌을 나눈다.

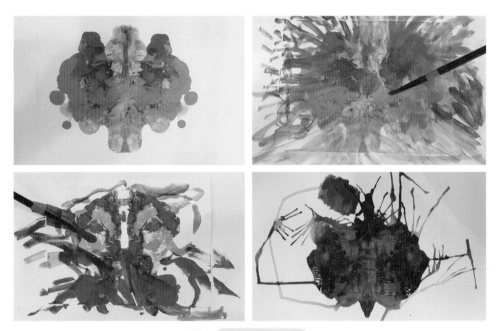

📖 작업 과정 예시

5) 적용 및 수정

- 개인상담의 경우, 상담자도 데칼코마니 작업을 한 후 유아의 작품과 연결하여 활동할 수 있다.
- 집단상담의 경우, 한 장의 전지 위에 모든 유아의 데칼코마니를 한 그림을 붙여 붓으로 각자의 작품을 함께 연결하여 표현해 볼 수 있다.
- 붓을 대신하여 분무기로 물을 뿌려 놓고 빨대로 불기를 하여 활동할 수 있다.

3 음악 놀이

나를 소개해요

1) 준비물

〈당신은 누구십니까?〉 가사[1], 여러 가지 악기

〈당신은 누구십니까?〉 가사

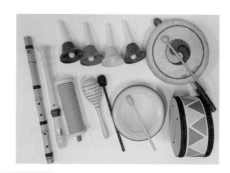

 준비물 예시

2) 적용 유형

개인, 집단

3) 목표

• 악기를 선택하며 자신을 소개함으로써 자기 주도성을 경험한다.

• 악기로 노래를 부르며 소통한다.

4) 작업 과정

① "당신은 누구십니까?" "나~는 ○○○." "그 이름 아름답구나~."(어여쁘구나, 귀엽구

---

1) 〈당신은 누구십니까〉 가사. https://cafe.daum.net/kh-amen/71Ms/280?q=%EB%8B%B9%EC%8B%A0%EC%9D%80+%EB%88
%84%EA%B5%AC%EC%8B%AD%EB%8B%88%EA%B9%8C+%EB%8F%99%EC%9A%94&re=1

나, 사랑스럽구나 등)

"당신은 누구십니까?~" "나~는 ○○○." "그 이름 씩씩하구나~." (용감하구나, 멋지구나, 지혜롭구나 등)를 여러 번 부른다.

② 유아는 준비된 여러 악기 중 자신이 원하는 악기를 선택한다.

③ 당신은 누구십니까? 노래를 부를 때마다 유아는 악기를 흔들며 "나는 ○○○."라고 하면, 집단원이 다 같이 악기를 흔들며 "그 이름 ○○○하구나."라고 화답한다.

④ 오늘의 활동에 대한 느낌을 나눈다.

작업 과정 예시

5) 적용 및 수정

• 자신을 소개할 때 악기를 흔들며 유아가 동작을 해도 되고, 다 함께 동작을 하며 노래를 불러도 좋다.

• 비대면 상담의 경우, 가정에 있는 도구(냄비, 젓가락, 플라스틱 물통 등)를 이용하여 활동할 수 있다.

적용 및 수정 예시

문학 놀이

 행복한 만남

1) 준비물

『너를 만나 행복해!』(나라 요시토모 글, 살림 출판사) 동화책, 8절 도화지, 색연필, 사인펜

🐭 준비물 예시

2) 적용 유형

개인, 집단

3) 목표

• 동화책과 예술 활동을 통해 만남에 대한 기쁨을 경험한다.

• 자기표현을 할 수 있다.

4) 작업 과정

① 상담자는 유아에게 '너를 만나 행복해!' 동화를 들려준다.

너를 만나 행복해!

난 언제나 혼자였고, 늘 외로웠어.

어디서 누군가가 나타나 내 친구가 되어 주길 늘 기다렸지.

(······)

난 엄청나게 크거든 내가 너무 크니까 아무도 나를 알아채지 못했어.

그러니 늘 혼자였고, 외로웠던 거야.

그러던 어느 날 한 여자아이가 나를 발견했어.

그 여자아이는 내 다리를 잡더니 쭈욱 쭈욱 올라오기 시작했어. 점점 더 위로 올라왔지.

다리를 쭈욱 쭈욱 올라 등을 척척 걷더니 마침내 내 머리에까지 다다랐어.

그런데 내 이마에 올라선 순간 미끄러졌지 뭐야.

데굴데굴 꽈당! 앗~! 여자아이와 나는 무척 놀랐어.

그런데 그 아이가 나에게 노래를 불러 주는 거야. 그렇게 우리는 친구가 되었지······.

출처: 나라 요시모토(2010).

---

② 동화를 듣고 유아에게 좋아하는 사람을 떠올려 보도록 한다.

③ 유아가 떠올린 사람의 모습을 그리도록 한다.

④ 떠올린 사람에게 하고 싶은 말을 써넣거나 선물을 그림으로 표현한다.

⑤ 오늘의 활동에 대한 느낌을 나눈다.

작업 과정 예시

5) 적용 및 수정

- 개인상담의 경우, 상담자와 유아가 만나 행복한 마음을 그림으로 표현하며 친밀감을 형성할 수 있다.
- 비대면 상담의 경우, 상담자가 동화를 들려준 후 서로 이야기하며 활동할 수 있다.

5 연극 놀이

내 마음을 보여 줄게

1) 준비물

여러 가지 감정 그림(기쁨, 슬픔, 화남, 즐거움, 겁이 남, 용감함, 소심함, 외로움, 불안함 등)

출처: 금명자, 지승희, 이호준, 이지은, 손재한(2005).

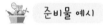 준비물 예시

2) 적용 유형

개인, 집단

3) 목표

• 여러 가지 감정을 알아보고 자신이 느끼는 감정이 무엇인지 인지한다.

• 자신의 감정을 표현한다.

4) 작업 과정

① 상담자는 감정을 나타내고 있는 그림 카드를 유아에게 보여 준다.

② 유아는 자신이 느끼고 있는 감정이 그려져 있는 카드를 고른다.

③ 자신이 느끼고 있는 감정을 몸짓으로 표현하거나 소리로 표현한다.

④ 오늘의 활동에 대한 느낌을 나눈다.

작업 과정 예시

5) 적용 및 수정

• 집단상담의 경우, 감정을 표현할 때 상담자와 집단원들은 돌아가며 유아가 표현한 감정을 함께 따라 한다.

• 상담자는 긍정적 감정 팀과 부정적 감정 팀으로 나누어 감정 역할을 하도록 하고, 역할을 바꾸어서 할 수 있다.

• 비대면 상담의 경우, 상담자는 유아가 감정을 소리와 몸으로 표현한 과정을 녹화해서 그 화면을 바로 보여 주고 유아와 느낌을 나눌 수 있다.

6 동작 놀이

움직이고 멈추고

1) 준비물

〈그대로 멈춰라〉 가사[2], 컬러 시트지

〈그대로 멈춰라〉 가사

 준비물 예시

2) 적용 유형

개인, 집단

3) 목표

- 친밀감을 형성한다.
- 움직임을 통해 신체적 조절감을 가진다.

---

2) 〈그대로 멈춰라〉 가사, https://www.youtube.com/watch?v=3cRCsTMr98E

4) 작업 과정

① 상담자가 상담실 바닥 여기저기에 다양한 색상의 시트지를 붙여 놓는다(예: 빨간색, 노란색, 파란색 등).

② 상담자는 유아에게 '그대로 멈춰라' 노래를 들려준다.

③ 노래가 나오는 동안 유아들은 상담실(교실) 내에서 마음껏 돌아다닐 수 있다.

④ 상담자가 '그대로 멈춰라' 가사에서(예: "그대로 멈춰라, 노랑." "그대로 멈춰라, 빨강." 등) 구호를 외치면 유아들은 색 시트지 위에 올라선다.

⑤ 오늘의 활동에 대한 느낌을 나눈다.

작업 과정 예시

5) 적용 및 수정

• '그대로 멈춰라' 부분에서 상담자 지시에 따라 다른 유아들과 신체적 접촉을 할 수 있다(예: 팔꿈치, 다리, 손가락 등).

• 노래를 부르면서 움직이는 활동을 할 수 있다.

• 비대면 상담의 경우, 상담자는 음악을 들려주고 가족이 함께 움직임을 할 수 있도록 안내한다.

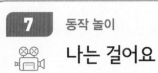

7 동작 놀이

나는 걸어요

1) 준비물

음악[느린 음악(〈멋쟁이 토마토〉)[3], 빠른 음악(오펜바흐의 〈'천국과 지옥' 중 캉캉〉)[4]]

〈멋쟁이 토마토〉 음악

〈'천국과 지옥' 중 캉캉〉 음악

준비물 예시

2) 적용 유형

개인, 집단

3) 목표

- 움직임을 통해 신체적 조절감을 가진다.
- 친구들과 함께 활동하면서 사회성을 증진한다.

4) 작업 과정

① 유아는 음악을 들으면서 걷는다.

② 빠른 음악에는 빠른 걸음으로, 느린 음악에는 박자에 맞추어 속도를 늦추면서 느린 걸음으로 걸어 본다.

---

3) 〈멋쟁이 토마토〉 음악. https://www.youtube.com/watch?v=mK-Lrtt23Kc
4) 〈'천국과 지옥' 중 캉캉〉 음악. https://www.youtube.com/watch?v=YlYaOTdKEdE

③ 걷다가 상담자가 '멈춰!' 할 때 마주치는 사람과 인사, 악수, 하이파이브 등을 한다.

④ 오늘의 활동에 대한 느낌을 나눈다.

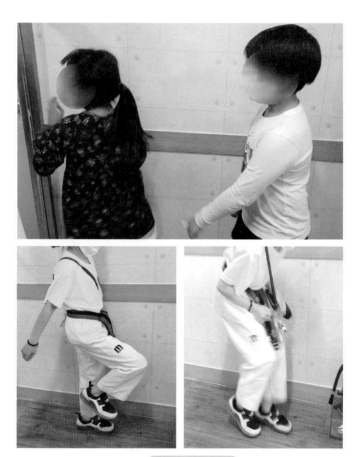

작업 과정 예시

5) 적용 및 수정

- '멈춰!' 할 때 마주치는 사람과 언어로 표현할 수도 있다(예: 안녕하세요, 반가워, 사랑해, 또 만나, 네가 좋아, 씩씩해, 멋져 등).
- 걸을 때 상담자의 지시에 따라 동물(예: 오리, 토끼, 거북이, 물고기, 공룡, 호랑이 등)이나 가족(할머니, 할아버지, 아기, 엄마, 아빠 등)의 걸음걸이를 따라 움직여도 좋다.
- 비대면 상담의 경우, 줌(Zoom) 화면 속 상담자와 친구들에게 하이파이브 손 인사를 할 수 있다.

05
탐색 단계

1 미술 놀이

우리 가족은요…….

1) 준비물
클레이 점토, 8절 또는 4절 도화지

준비물 예시

2) 적용 유형
개인, 집단

3) 목표

• 동물가족 형상을 통해 가족의 역동을 알 수 있다.

• 동물가족 형상을 통해 가족의 의사소통을 알 수 있다.

4) 작업 과정

① 우리 가족 구성원의 특징을 나타내는 동물을 떠올려 본다.

② 가족과 연관된 동물을 클레이 점토로 만든다.

③ 완성된 동물 가족을 8절 또는 4절 도화지 위에 자유롭게 놓고 표현한 내용을 소개하
   도록 한다.

④ 오늘의 활동에 대한 느낌을 나눈다.

📖 작업 과정 예시

5) 적용 및 수정

• 집단상담의 경우, 가장 소개하고 싶은 가족 중 한 사람을 선택하여 동물 형상으로 만
  들고 소개할 수 있다.

• 클레이 점토 대신 그림으로 가족을 표현할 수 있다.

2 음악 놀이

내가 좋아하는 노래

1) 준비물

시트지, 유성 매직 또는 네임펜, 도화지, 가위, 풀

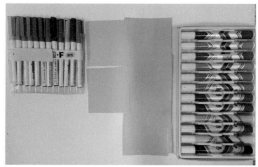 

 준비물 예시

2) 적용 유형

개인, 집단

3) 목표

• 유아가 어떤 노래를 좋아하는지 알 수 있다.

• 노래 부르기를 통해 공감을 경험한다.

4) 작업 과정

① 상담자는 유아가 좋아하는 노래를 말하도록 한다.

② 상담자는 유아가 좋아하는 노래의 제목을 시트지에 써서 유아의 가슴에 붙인다.

③ 유아가 소개한 노래를 자신이 불러 보도록 한다.

④ 다 같이 노래를 부른다.

⑤ 노래를 부른 후 도화지에 노래에 대한 느낌을 그림으로 표현한다.

⑥ 오늘의 활동에 대한 느낌을 나눈다.

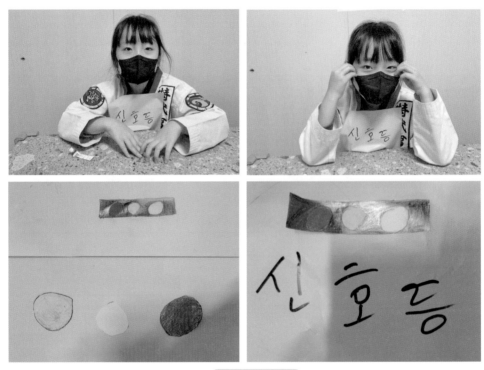

작업 과정 예시

5) 적용 및 수정

• 노래를 부를 때 박수를 치거나 동작을 할 수 있다.

• 노래를 소개하거나 부를 때 작은 무대를 마련해 발표하는 느낌을 경험해 볼 수 있다.

• 비대면 상담의 경우, 유아가 노래하는 장면을 녹화하고 그 영상을 보면서 느낌을 나눌 수 있다.

3 문학 놀이

덤벼라, 얏!

1) 준비물

『터널』(앤서니 브라운 글·그림, 성곡미술관) 동화책, 탈, 무서움을 물리칠 수 있다고 생각되는 물건(예: 풍선 공기 주입기, 알록달록 모자 등), 비닐(바스락 소리), 두꺼운 도화지, 마스킹 테이프(15mm), 가위, 색습자지

준비물 예시

2) 적용 유형

개인, 집단, 가족

3) 목표

• 유아가 무서워하는 상황을 알 수 있다.

• 무서운 상황에서 어떻게 안전함을 경험하는지 탐색해 볼 수 있다.

4) 작업 과정

① 〈터널〉 동화를 들려준다.

터널

(……)

밤이면 오빠는 곤히 잠들었지만 동생은 말똥말똥 깨어 있었죠.

밤에 들려오는 모든 소리에 귀를 기울이면서

이따금 오빠가 살금살금 다가와 동생을 깜짝 놀라게 하기도 했어요.

동생은 깜깜한 밤을 너무너무 무서워했거든요.

출처: 앤서니 브라운(2005).

② 동화를 듣고 유아가 무서웠던 상황을 이야기한다.

③ 무서운 상황에서 어떻게 하면 심리적 안정감을 가질 수 있는지 방법을 찾는다(예: 엄마가 어떻게 해 주면 좋은지 이야기 나누기, 마음이 안정되는 물건이나 소리 등을 찾아보거나 만들어 보기).

④ 상담자와 함께 방법을 실행한다(예: 인지를 바꾸기 위해서 별 하나 나 하나, 별 둘 나 둘, 토끼 한 마리 토끼 두 마리 등을 떠올리며 안정감 찾기, 무서운 탈 쓰기, 자신을 지켜 주는 옷이나 방패 만들기).

⑤ 오늘의 활동에 대한 느낌을 나눈다.

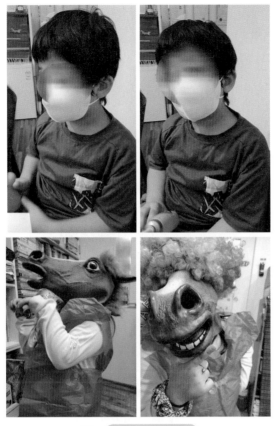

작업 과정 예시

5) 적용 및 수정

• 무서움을 덜어 주는 걱정 인형 등을 만들어 볼 수 있다.

• 집단상담의 경우, 무서운 상황에 대한 이야기를 서로 나누며 함께 공감을 받는다.

• 비대면 상담의 경우, 위로가 되거나 안정감을 주는 물건을 찾아와서 소개해 볼 수
  있다.

4 연극 놀이

가면역할 놀이

1) 준비물

〈곰 세 마리〉 음악[1] 및 가사[2], 다양한 가면, 가면 고무줄, 유성 매직

〈곰 세 마리〉 음악

〈곰 세 마리〉 가사

준비물 예시

2) 적용 유형

개인, 집단, 가족

3) 목표

• 가족 간의 친밀감을 탐색한다.

• 가족 간의 상호작용을 알아볼 수 있다.

---

1) 〈곰 세 마리〉 음악. https://www.youtube.com/watch?v=L6_y2KvGNts
2) 〈곰 세 마리〉 가사. https://blog.daum.net/skrehdrkdp/11775133

4) 작업 과정

① 가면을 유성 매직으로 꾸민다.

② 아빠가 자주 하는 말을 찾아보게 한다(예: '사랑해').

③ 엄마가 자주 하는 말을 찾아보게 한다(예: '손 씻어라').

④ 아기가 자주 하는 말을 찾아보게 한다(예: '심심해').

⑤ 가면을 쓰고 곰 세 마리 노래를 들려주면서 우리 가족이 하는 말로 개사하여 부른다.
"아빠 곰은 뚱뚱해." 부분을 아빠가 자주 하는 말로 개사하여 노래하게 한다[예: '아빠
곰은 사랑해~.'(아빠 목소리로)].

⑥ 우리 가족이 자주하는 말을 들은 후 어떤 감정인지 나눔을 한다(예: 기분 좋음, 슬픔,
즐거움 등).

⑦ 오늘의 활동에 대한 느낌을 나눈다.

작업 과정 예시

5) 적용 및 수정

• 집단상담의 경우, 세 명씩 모둠을 만들어 각 역할을 선택한 후 각자 맡은 역할을 노
래 부르며 표현할 수 있다.

• 가족상담의 경우, 이 활동을 할 때 자주 하는 말과 듣고 싶은 말을 탐색하게 한 후 가
면을 쓰고 활동할 수 있다.

5 동작 놀이

감정 동작 만들기

1) 준비물

여러 가지 감정 그림(기쁨, 슬픔, 화남, 즐거움, 겁이 많은, 용감한, 소심함, 외로움, 불안함 등), 두꺼운 8절 도화지, 납작한 아이스크림 막대기, 색연필, 가위, 투명 테이프 (15mm)

준비물 예시

2) 적용 유형

개인, 집단, 가족

3) 목표

• 유아의 감정을 인식할 수 있다.

• 유아의 감정과 연관된 상황을 탐색할 수 있다.

4) 작업 과정

① 도화지로 동그라미, 네모, 세모, 하트 모양 등의 부채를 만든다.

② 유아는 상담자가 준비한 여러 가지 감정 그림을 오려서 부채에 붙인다.

③ 여러 가지 감정 그림이 있는 부채로 얼굴을 가리고 기쁨, 슬픔, 화남, 즐거움, 겁이 많음, 용감함, 소심함, 외로움, 불안함 등을 동작으로 표현해 본다.

④ 여러 가지 감정 중 특별한 상황이나 사건을 경험한 내용을 이야기해 본다.

⑤ 이때 상담자는 유아가 이야기한 내용에 공감해 준다.

⑥ 오늘의 활동에 대한 느낌을 나눈다.

 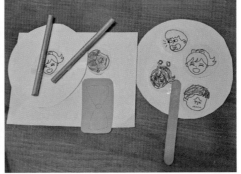

작업 과정 예시

5) 적용 및 수정

• 집단상담의 경우, 감정에 대해 발표한 유아에게 "괜찮아." "용감해."로 공감해 주면 유아가 안정감을 얻을 수 있다.

• 비대면 상담의 경우, 가족이 모두 참여할 수 있는데, 이때 부정적인 감정만 찾지 말고, 긍정적인 감정도 찾아서 표현할 수 있다.

06

표출 단계

> **1** 미술 놀이
>
> ## 오색으로 날려라

1) 준비물

색 습자지(4절, 8절, 전지) 다섯 가지 색 이상, 격렬한 음악(예: 임윤찬 피아노곡[1] [2]), 투명 박스 테이프(80mm), 가위

임윤찬 〈라흐마니노프〉
3번 연주 전체

임윤찬 〈라흐마니노프〉
3번 연주 축약

 준비물 예시

---

1) 임윤찬 〈라흐마니노프〉 3번 연주 전체. https://www.youtube.com/watch?v=DPJL488cfRw
2) 임윤찬 〈라흐마니노프〉 3번 연주 축약. https://www.youtube.com/watch?v=w2WJuhvR4lg

2) 적용 유형

개인, 집단, 가족

3) 목표

- 내면의 억압된 감정과 에너지를 발산한다.
- 에너지 발산으로 인한 긍정적인 즐거움을 경험한다.

4) 작업 과정

① 두 명이 색 습자지를 양쪽에서 팽팽하게 잡아 주고 한 명은 펀치를 날리거나 발로
   차서 습자지를 찢는다.

② 순서를 정하여 번갈아 가면서 역할을 바꾸어 습자지를 찢는다.

③ 찢어서 흩어진 색 습자지를 다시 손으로 결을 따라 찢는다.

④ 다 찢어진 색 습자지를 마음껏 날리고 뿌린다(이때 격렬한 박자의 음악을 들려준다).

⑤ 흩어진 색 습자지를 모아 투명 박스 테이프로 공을 만든 후 서로 던져 보거나 발로
   차는 게임을 한다.

⑥ 오늘의 활동에 대한 느낌을 나눈다.

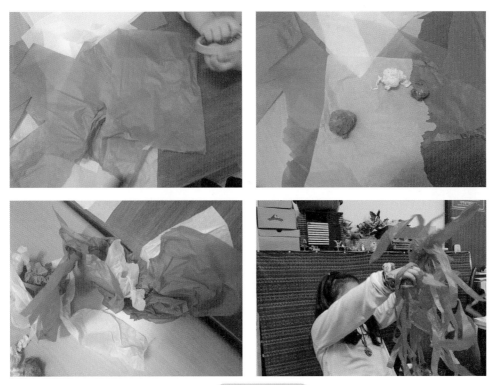

작업 과정 예시

5) 적용 및 수정

- 개인상담의 경우, 상담자가 색 습자지를 잡아 주고, 비대면 상담의 경우 가족이 함께 참여할 수 있도록 한다.
- 찢어진 습자지를 모아서 꼬거나 땋아서 머리나 손목에 장식을 만들 수도 있다.

2 음악 놀이

악기 만들고 노래하기

1) 준비물

〈솜사탕〉(이수인/정근) 음악[3] 및 가사[4], 스티커, 투명 페트병, 유성 매직, 마스킹 테이프, 작은 돌멩이, 목공풀

〈솜사탕〉 음악

〈솜사탕〉 가사

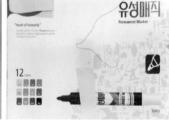

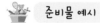 준비물 예시

2) 적용 유형

집단, 가족

3) 목표

• 노래와 동작으로 감정을 표출해 본다.
• 노래와 동작을 통해 비언어적인 상호작용을 경험한다.

4) 작업 과정

① 상담자는 마스킹 테이프를 사용하여 상담실 바닥에 곡선 또는 지그재그 선이나 나

---

3) 〈솜사탕〉 음악. https://www.youtube.com/watch?v=99OGvLxHb2U
4) 〈솜사탕〉 가사. https://cafe.daum.net/sin9058/F8Ek/22?q=%EC%86%9C%EC%82%AC%ED%83%95+%EC%95%85%EB%B3%B4&re=1

선형으로 붙인다.

② 유아는 페트병에 스티커를 붙이거나 유성 매직으로 그림을 그린다.

③ 완성된 페트병에 준비한 작은 돌멩이를 담아 악기(마라카스)를 만든다.

④ 순서대로 한 명씩 줄을 서서 악기(마라카스)를 들고 바닥에 그려진 곡선을 따라가면서 움직여 본다.

⑤ 선을 따라 움직일 때 악기를 흔들면서 '솜사탕' 노래를 부른다.

⑥ '솜사탕' 노래에 맞추어 움직이다가 '∼ 솜사탕' 할 때 그대로 멈춘 후, 마주친 사람과 악기(마라카스)로 하이파이브하면서 계속 활동한다.

⑦ 오늘의 활동에 대한 느낌을 나눈다.

작업 과정 예시

5) 적용 및 수정

• 가정에서 비대면으로 활동할 경우 카펫이나 이불의 가장자리로 움직일 수 있다.

• 스펀지에 아크릴 물감으로 페트병의 표면을 자유롭게 꾸며서 악기를 완성한 후 활동할 수 있다.

3 문학 놀이

내 마음의 소리를 들어 줘

1) 준비물

『임금님 귀는 당나귀 귀』(정설아 글, 이미라 그림, 키움북스 출판사) 동화책, 색 도화지,
마스킹 테이프, 가위, 나뭇잎, 목공풀

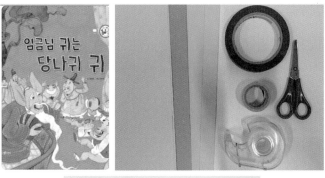

준비물 예시

2) 적용 유형

개인, 집단, 가족

3) 목표

- 억압된 마음을 표현할 수 있다.
- 무엇이 억압된 마음인지 알 수 있다.

4) 작업 과정

임금님 귀는 당나귀 귀

한 나라의 임금님은 한 가지 고민이 있었다.
그건 그의 귀가 당나귀처럼 길다는 것이다.
그는 왕으로써 위엄이 있어야 했는데 기나긴 귀로 웃음거리가 될까 봐 걱정했다.

(……)

왕은 이 비밀을 발설하면 죽이겠다고 협박했다.
하지만 영원한 비밀은 없는 법, 말하지 말라고 하니 이발사의 입이 근질거리기 시작했다.
어디에 털어놓지도 못하고 시원하게 얘기하지도 못하고 끙끙 앓았다.
참다못해 이발사는 집 근처 대나무 숲으로 갔다. 그리고 외쳤다.
"임금님 귀는 당나귀 귀~, 임금님 귀는 당나귀 귀~, 우리 임금님 귀는 당나귀 귀를 닮으셨다~." 이발사는 속이 시원하였다.

출처: 정설아(2015).

① '임금님 귀는 당나귀 귀' 동화를 들려준다.
② 유아는 이발사처럼 크게 외치고 싶은 말을 생각하고 상담자는 색 도화지에 적어 준다.
③ 색 도화지에 자유롭게 마스킹 테이프를 붙여서 꾸민다.
④ 꾸민 색 도화지로 깔때기 스피커폰을 만든다.
⑤ 깔때기를 입에 대고 "임금님 귀는 당나귀 귀."를 외친다.
⑥ 유아가 ②의 이발사처럼 외치고 싶은 말을 크게 외친다.
⑦ 오늘의 활동에 대한 느낌을 나눈다.

📖 작업 과정 예시

5) 적용 및 수정

- 가족상담의 경우, 가족끼리 긍정적인 말을 한 가지씩 말한 후 깔때기를 입에 대고 외치도록 할 수 있다.
- 비대면 상담의 경우, 가정에서 커다란 물통이나 항아리에 외치고 싶은 말을 외쳐 울림의 효과를 경험할 수 있도록 상담자가 안내할 수 있다.

4 연극 놀이

 # 엄마랑, 나랑

1) 준비물

보드판(전지), 도화지, 색연필, 유성 매직, 앞치마, 식판

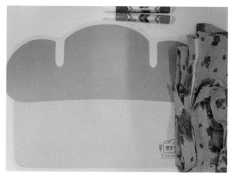

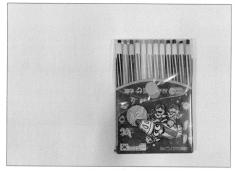

준비물 예시

2) 적용 유형

개인, 집단, 가족

3) 목표

- 극놀이를 통해 공감을 경험한다.
- 극놀이를 통해 엄마 역할을 하면서 엄마의 마음을 이해한다.

4) 작업 과정

극놀이

엄마: 밥 먹을 시간이다. 식탁에 앉아요.

나: (식탁에 앉는다. 그러나 밥을 먹고 싶지 않다)

엄마: 왜 안 먹어, 빨리 먹어, 반찬도 골고루 먹어.

나: 시금치 안 먹어~.

동생: 엄마~ 나는 잘 먹지. 얼마나 맛있는데~ 메롱. (메롱한다)

엄마: 시금치가 얼마나 좋은데, 먹어야 돼, 동생은 잘 먹잖아, 안 먹으면 혼날 줄 알아~.

나: 치킨 줘.

엄마: 어제 먹었잖아, 매일 먹으면 뚱뚱이 된다 말이야.

나: 그래도 치킨 줘~~~. (소리 치고 발을 구르며 운다)

---

① 상담자는 보드판이나 전지 도화지에 극놀이 내용을 써서 읽어 준다.

② 유아는 극놀이에 알맞은 캐릭터(엄마, 나, 동생)를 정한다.

③ 엄마는 앞치마, 나는 식판, 동생도 식판을 갖추어 극놀이를 한다.

④ 역할을 바꾸어서 극놀이를 해 본다.

⑤ 좋아하는 음식을 그리고 소개한다.

⑥ 오늘의 활동에 대한 느낌을 나눈다.

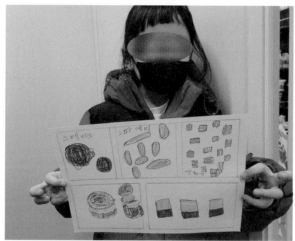

작업 과정 예시

5) 적용 및 수정

- 극놀이는 유아에 맞는 상황으로 각색할 수 있다.
- 비대면 상담의 경우, 엄마와 유아가 실제로 상황 극놀이를 할 수 있다.

5 동작 놀이

빛과 그림자 놀이

1) 준비물

빠른 음악, 느린 음악(상담자가 선택 가능함), 손전등, 밝은 벽 공간, 한지 전등갓, 흰색 도화지, 색 셀로판지, 투명 테이프

준비물 예시

2) 적용 유형

개인, 집단, 가족

3) 목표

• 빛이 있는 곳에 그림자가 있는 것을 안다.

• 빛의 움직임에 따라 그림자가 달라지는 것을 경험한다.

4) 작업 과정

① 손전등을 들고 조명을 이용하여 음악에 맞추어 움직여 보고 그림자를 만들면서 놀아 본다.

② 이때 상담자는 경쾌하고 빠른 음악, 느린 음악을 들려주고 움직임을 할 수 있도록 한다.

③ 상담자는 유아에게 자유롭게 몸을 움직여서 그림자를 관찰해 보도록 한다.

④ 손전등에 색 셀로판지를 붙여서 달라지는 빛의 색을 경험한다.

⑤ 유아가 둘씩 짝을 지어 한 유아는 손전등을 비춰 주고, 다른 유아는 움직임을 한다.

⑥ 서로 역할을 바꾸어 움직임을 한다.

⑦ 오늘의 활동에 대한 느낌을 나눈다.

작업 과정 예시

5) 적용 및 수정

• 그림자 놀이는 실외에서 해가 날 때 햇빛을 이용해 놀이할 수 있다.

• 그림자는 빛이 있어야 가능하다는 것을 알고, 빛의 방향에 따라 그림자의 길이가 달라지는 것을 경험할 수 있다.

• 한지로 전등갓을 만들어서 전등갓에 사인펜, 유성펜 등으로 꾸민 후 활동할 수 있다.

07

통합 단계

1	미술 놀이

흔들려도 괜찮아~

1) 준비물

나무 막대기, 털실(1mm 와이어), 도화지, 색연필, 유성 매직, 잡지, 풀, 가위, 투명 테이프(15mm)

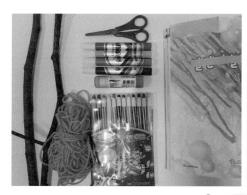 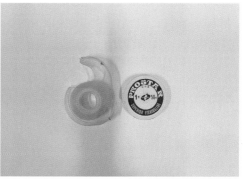

준비물 예시

2) 적용 유형

개인, 집단

3) 목표

- 수용하고 통합하는 능력을 기른다.
- 균형감 및 조율 능력을 기른다.

4) 작업 과정

① 유아는 다양한 그림을 잡지에서 찾아 오린다(예: 물고기, 꽃, 별, 하트, 동그라미 등).

② 도화지에 유성 매직으로 모양(별, 하트, 꽃 등)을 그려서 색칠하고 오린다(크기는 자유롭게).

③ 막대기에 실(와이어 사용 가능)을 이용하여 균형 있는 모빌을 만든다.

④ 모빌을 만든 후에 흔들어 보기도 하고, 정지시키기도 하면서 균형을 느낄 수 있도록 한다.

⑤ 오늘의 활동에 대한 느낌을 나눈다.

작업 과정 예시

5) 적용 및 수정

- 모빌 막대는 상담자가 미리 준비할 수 있다.
- 가족의 경우, 각자 일자형의 모빌을 만든 다음 각자 만든 모빌을 X자 또는 삼각형 모양으로 연결할 수 있다.

2   음악 놀이

딩동댕~ 합격입니다

1) 준비물

유리컵 네 개, 나무젓가락, 물, 수재화 물감, 붓, 마른 수건, 고무 젓가락, 붓

준비물 예시

2) 적용 유형

개인, 집단

3) 목표

- 다양한 소리를 만드는 경험을 통해 음 감각에 대한 통합을 촉진한다.
- 음의 높고 낮음, 물의 양에 따라 소리의 다름을 안다.

4) 작업 과정

① 각각 다른 양의 물이 담긴 네 개의 유리컵을 준비한다.

② 컵에 담긴 물에 수재화 물감을 넣어서 붓으로 저은 다음 다양한 색상의 컵 악기를

만들어 본다.

③ 나무(고무)젓가락으로 컵을 두드려 음의 다양성을 경험한다.

④ 컵을 두드리면서 좋아하는 노래를 부른다.

⑤ 오늘의 활동에 대한 느낌을 나눈다.

작업 과정 예시

5) 적용 및 수정

• 집단상담이나 가족상담의 경우, 컵에 물의 양을 다양하게 넣어서 상담자의 지휘 아래 노래를 부르며 활동할 수 있다.

• 유리컵의 안쪽, 바깥쪽을 두드리며 활동할 수 있다.

3 문학 놀이

참, 고마워요

1) 준비물

『늑대와 황새』(『라퐁텐 우화집』, 크레용하우스 출판사) 동화책, 클레이 점토, 선물 상자
나 플라스틱 작은 통

준비물 예시

2) 적용 유형

개인, 집단, 가족

3) 목표

• 고마움을 주었던 사람에게 활동을 통해 고마움을 경험한다.

• 고마움을 표현해 봄으로써 사회적 소통 능력을 기른다.

• 공감과 배려를 경험한다.

4) 작업 과정

늑대와 황새

늑대가 생선을 먹다가 목에 가시가 걸리고 말았어요.

늑대는 도와달라는 말도 못 하고 켁켁거리며 고통스러워했지요.

그때 다행히 황새 한 마리가 그 곁을 지나갔어요.

늑대는 눈물을 흘리면서 황새에게 도움을 청했어요.

늑대를 가엽게 여긴 황새는 길고 뾰족한 부리를 늑대 입속에 넣어 목에 걸린 가시를 빼 주었답니다.

출처: 라퐁텐(2001).

① 상담자는 '늑대와 황새' 동화를 들려준다.

② 유아에게 도움을 준 사람 또는 유아가 도움을 주었던 사람을 떠올려 보도록 한다.

③ 떠올린 대상에 대한 경험을 이야기한다.

④ 고마운 마음을 전달하기 위해 클레이 점토를 이용하여 선물을 만들어 본다.

⑤ 유아가 만든 선물을 상자나 플라스틱 통에 넣어 전달하도록 한다.

⑥ 오늘의 활동에 대한 느낌을 나눈다.

작업 과정 예시

5) 적용 및 수정

- 〈늑대와 황새〉라는 동화 내용대로 역할극을 해 볼 수 있다.
- 집단에서는 집단원에 대한 고마움을 서로 표현하는 활동을 진행할 수 있다.

연극 놀이

안전한 곳이 좋아!

1) 준비물

『도시 쥐와 시골 쥐』(『라퐁텐 우화집』, 라퐁텐 글, 뮈조 그림, 박영숙 옮김, 시공사) 동화책, 도시 쥐 그림 머리띠, 시골 쥐 그림 머리띠, 식당 주인 머리띠, 유성 매직, 도화지, 투명 테이프, 가위

준비물 예시

2) 적용 유형

개인, 집단

3) 목표

• 동화를 통해 도시와 시골의 차이를 안다.

• 역할극을 통해 타인을 인정하고 소중함을 안다.

4) 작업 과정

① 상담자는 '도시 쥐와 시골 쥐' 동화를 들려주고 유아는 도시 쥐, 시골 쥐, 식당 주인의 역할을 정한다.

'도시 쥐와 시골 쥐'

상담자: 도시에 사는 쥐가 시골에 사는 쥐를 집으로 초대했어요.

　　　　도시 쥐는 으리으리한 식당으로 시골 쥐를 데리고 갔어요.

　　　　식탁 위엔 온갖 진수성찬이 차려져 있었답니다.

도시 쥐: 난 늘 이렇게 먹는다네. 자~. 어서 먹게나.

상담자: 도시 쥐가 시골 쥐에게 뻐기며 말했어요.

　　　　그때 덜커덩 쿵쿵하는 소리가 들려 왔어요.

　　　　도시 쥐는 재빨리 도망쳤고 시골 쥐도 얼른 따라갔지요.

　　　　그 소리는 집주인이 쓰레기를 버리는 소리였어요.

　　　　주인이 돌아가자 도시 쥐는 시골 쥐를 데리고 다시 식당으로 갔어요.

도시 쥐: 별일 아니야 이제 맛있게 먹자구.

상담자: 그러자 시골 쥐가 고개를 저으며 이렇게 말했답니다.

시골 쥐: 아니야, 난 비록 화려하지 않고 진수성찬이 아니더라도 마음 편히 먹고 살 수 있는 시골집이 더 좋아.

　　　　이만 돌아갈 테니 언제 한번 우리 집에 놀러 오게나.

상담자: 아무리 화려해도 마음이 편하지 않으면 참 행복이 아니랍니다.

출처: 라퐁텐(2004).

② 유아는 도시 쥐, 시골 쥐, 식당 주인 그림에 색칠하고 머리띠를 만든다(역할 그림은 상담자가 준비한다).

③ 역할에 맞는 머리띠를 착용하고 역할극을 해 본다.

④ 도시에 사는 쥐와 시골에 사는 쥐는 어떤 행복이 있는지 각각 찾아서 이야기한다.

⑤ 나는 어떤 장소가 안전한지 찾아서 이야기한다.

⑥ 오늘의 활동에 대한 느낌을 나눈다.

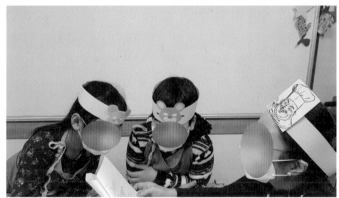

작업 과정 예시

5) 적용 및 수정

- 집단상담의 경우, 도시 쥐, 시골 쥐로 팀을 나누어 활동한다.
- 쥐의 소리와 몸 동작을 같이 할 수도 있다.

5 동작 놀이

감정 만나기

1) 준비물

여러 가지 감정 그림(기쁨, 슬픔, 화남, 즐거움, 겁남, 용감함, 소심함, 외로움, 불안함, 감동 적임, 놀람 등), 도화지, 가위, 풀

출처: 금명자 외(2005).

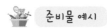

2) 적용 유형

개인, 집단

3) 목표

• 감정을 몸으로 표현해 본다.

• 감정을 조절할 수 있다.

4) 작업 과정

① 상담자가 머리띠를 미리 만들어 놓는다.

② 감정 그림을 보여 준다.

③ 유아는 감정 그림을 선택하고 오려서 머리띠에 풀로 붙인다.

④ 상담자가 감정 그림을 하나씩 보여 줄 때 유아는 그 감정에 맞는 동작과 소리를 내 본다.

⑤ 상담자가 양손으로 up, down, stop을 표시하면 유아가 이에 따라 행동의 정도를 조절하는 활동을 해 본다(예: 우는 상황에서 up하면 더 크게 울고, down하면 서서히 울음을 작게 하고 stop를 하면 울음을 멈춘다).

⑥ 여러 번 시도하여 감정을 소리와 몸으로 조절하도록 한다.

⑦ 오늘의 활동에 대한 느낌을 나눈다.

작업 과정 예시

5) 적용 및 수정

• 유아가 감정을 표현할 때 집단원이 같이 따라 해 준다.

• 집단상담의 경우, 긍정적 감정 모둠과 부정적 감정 모둠으로 나누어 역할을 해 보고, 역할을 바꾸어서도 해 본다.

08
종결 단계

나의 안전한 둥지 만들기

1) 준비물

천사 점토, 나뭇가지, 나뭇잎, 깃털, 솜, 사인펜, 클레이 점토, 목공풀

🌱 준비물 예시

2) 적용 유형

개인, 집단, 가족

3) 목표

- 상담 과정을 회상해 보고 행복감을 간직하도록 한다.
- 상징물로 중간 대상을 만들어 상담이 끝난 후에도 안정감을 느낄 수 있다.

4) 작업 과정

① 유아는 종결 시 상담 과정(초기, 중기, 후기)에서 생각나는 여러 가지 감정을 떠올려 본다.

② 여러 가지 색의 천사 점토를 활용하여 떠올린 이미지나 감정을 새알 모양으로 만든다.
   (예: 행복-분홍색 알, 사랑-노란색 알, 화남-검은색 알 등)

③ 천사 점토, 나뭇가지를 활용하여 알을 담을 수 있는 둥지를 만든다.

④ 둥지 속을 솜이나 깃털, 나뭇잎으로 꾸민 후 알을 조심스럽게 담아 본다.

⑤ 오늘의 활동에 대한 느낌을 나눈다.

작업 과정 예시

5) 적용 및 수정

- 천사 점토는 유아들의 대·소근육의 발달 및 안수 협응 활동에 적절한 매체이므로 부드러운 촉감을 충분히 경험하도록 한다.
- 유아는 '알'뿐만 아니라 다양한 상징물을 만들어 볼 수도 있다(예: 보석, 열매, 새 등).
- 비대면 상담의 경우, 상담 과정 중에 만든 작품을 모아 집 안의 적절한 공간을 이용하여 작품 전시를 할 수 있다.
- 가족상담의 경우, 부모와 유아가 함께 "○○○ 작품 전시를 축하합니다." 등의 푯말을 만들어서 붙일 수도 있다.

2 음악 놀이

딩동댕~ 우리 가족 노래 동영상 만들기

1) 준비물

〈아기 상어〉(핑크퐁) 음악 및 가사[1], 트라이앵글, 종, 씽잉볼 등의 악기(단순한 음을 낼 수 있는 악기)

〈아기 상어〉 음악 및 가사

 준비물 예시

2) 적용 유형

개인, 집단, 가족

3) 목표

• 가족이나 집단에 대한 소중한 마음을 키운다.

• 가족과 의사소통하며 협동심으로 자기효능감을 가진다.

---

1) 〈아기상어〉 노래 및 가사. https://blog.naver.com/bustre/221115756302

4) 작업 과정

① 〈아기 상어〉 노래를 들려주고 가족이나 집단에 맞게 개사한다(예: 키가 큰 뚜루룻 뚜루, 우리 아빠 뚜루룻 뚜루, 우리집 뚜뚜룻 뚜루 대장님~). 그리고 율동과 함께 노래를 부른다.

아기 상어

아기 상어(예: 멋진 BTS) 뚜루룻 뚜루,

귀여운(멋있는) 뚜루룻 뚜루,

바닷 속(우리 아미) 뚜루룻 뚜루,

아기 상어(예: 멋진 지민)

엄마 상어 뚜루룻 뚜루,

어여쁜 뚜루룻 뚜루,

바닷속 뚜루룻 뚜루,

엄마 상어

(……)

출처: 다음 사이트 〈아기 상어〉 가사. https://m.search.daum.net

---

② 가족이나 집단원이 아기 상어 노래를 부르면서 율동을 할 때 녹화한다.

③ 이때 한 사람씩 나와서 노래를 부르고, 율동할 수 있는 기회를 주도록 하고, 합창으로 부르기도 한다.

④ 후렴 부분은 개인이나 집단, 가족을 대표할 수 있는 구호(예: '아빠짱' '엄마짱' '○○짱') 등을 만들어 합창으로 외친다.

⑤ 녹화된 영상을 다 같이 본다.

⑥ 오늘의 활동에 대한 느낌을 나눈다.

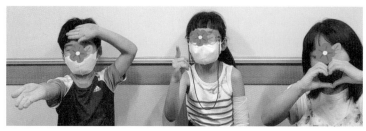

작업 과정 예시

5) 적용 및 수정

- 비대면 상담의 상황에서는 줌(Zoom)으로 녹화하지만, 대면 상담에서는 카메라로 영상을 녹화할 수 있다.
- 노래 가사를 개사할 때 긍정적이고 희망찬 내용으로 하고, 보드판에 먼저 노래 가사를 써 놓고 직접 보면서 노래를 부를 수 있다.

3 문학 놀이

몸과 마음이 쑥쑥 자라요

1) 준비물

『어른이 된다는 건』(나카가와 히로타카 글, 무라카미 야스나리 그림, 꿈소담이 출판사) 동
화책, 미스코리아 어깨띠, 네임펜, 유성 매직, 옷핀

🗑️ 준비물 예시

2) 적용 유형

개인, 집단, 가족

3) 목표

- 상담을 통해 유아 자신이 성장했음을 경험하게 한다.
- 성장한다는 것은 스스로 자신의 일을 해낼 수 있는 것임을 알게 한다.

4) 작업 과정

어른이 된다는 건

어른이 된다는 건 입던 옷이 작아지는 것

어른이 된다는 건 새 이빨이 생겨나는 것

어른이 된다는 건 물속에 얼굴을 오래 담글 수 있는 것

어른이 된다는 건 절대 울지 않는 것

어른이 된다는 건 전보다 높은 곳에 오를 수 있는 것

어른이 된다는 건 높은 곳에서 뛰어 내릴 수 있는 것

그리고 뛰어내려도 괜찮을지 생각할 수 있는 것도 어른이 된다는 것

어른이 된다는 건 이것저것 모조리 입으로 넣지 않는 것

어른이 된다는 건 샴푸하는 것도 싫어하지 않는 것

(……)

출처: 나카가와 히로타카(2003).

① 상담자는 〈어른이 된다는 건〉 동화를 들려준다.

② 상담을 통해 '어른이 된다는 건'에 나오는 성장 경험(예: 입던 옷이 작아지는 것, 새 이 빨이 생겨나는 것, 물속에 얼굴을 오래 담글 수 있는 것, 절대 울지 않는 것 등)에 대해 자신 의 경험을 나눈다.

③ 유아가 직접 미스코리아 어깨띠에 '언니가 되어서 축하해요' '누나가 되어서 축하해 요' '오빠가 되어서 축하해요' 등의 문장을 쓰거나 그림으로 자유롭게 꾸미면서 어깨띠 를 두른다.

④ 유아가 원하는 자세를 취하도록 하고 사진을 찍어 준다.

⑤ 오늘의 활동에 대한 느낌을 나눈다.

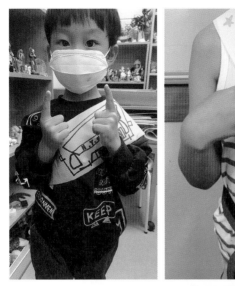

작업 과정 예시

5) 적용 및 수정

- '어른이 된다는 건'을 축하하는 문구는 팻말이나 배지(브로치 형식)로 대신할 수 있다.
- 집단상담의 경우, 서로 축하해 주는 의식을 경험하도록 할 수 있다.
- 비대면 상담의 경우, 부모님이 함께 참여하여 어깨띠를 착용해 주고 어른(어린이)이 된 것을 축하해 주는 의식을 경험할 수 있다.

4 연극 놀이

내가 도와줄게~

1) 준비물

『네가 있어 나도 행복해』(류일윤 글, 박정인 그림, 글뿌리 출판사) 동화책, 여러 가지 악기, 앞치마

준비물 예시

2) 적용 유형

집단, 가족

3) 목표

• 서로 배려하고 도와주는 즐거움을 알도록 한다.
• 각자 다름을 인정하면 모두가 행복한 세상을 누릴 수 있는 것을 안다.

4) 작업 과정

네가 있어 나도 행복해

상담자: 개미는 부지런해서 식량을 많이 모았어요. 그런데 베짱이는 노래와 연구를 하면서 띵까띵까
놀다가 추운 겨울이 되니 식량이 없어서 배가 너무 고팠어요. 하루는 개미집을 찾아갔어요.

베짱이: 개미야~. 춥고 배고프니 먹을 것을 좀 주겠니?
개미: 많이 배가 고팠구나. 어서 들어와. 따뜻한 음식을 지금 먹으려는 중이었어.
베짱이: 고마워. (허겁지겁 먹은 후) 아~. 배부르다. 너무 고마워서 연주를 해 줄게.
개미: (흥얼흥얼 노래 부르며, 덩실 덩실 춤도 추며) 와~. 잘한다. 신난다.

상담자: 그러는 사이 따뜻한 봄이 왔어요.

(……)

출처: 류일윤(2006).

① 상담자는 '네가 있어 행복해' 동화를 들려주고 역할을 정한다.

② 베짱이 역할을 맡은 유아는 악기를 들도록 하고, 개미 역할을 맡은 유아는 앞치마를
입혀 준다.

③ 유아는 대본을 보면서 맡은 역할에 따라 연극을 한다.

④ 역할을 바꾸어서 연극을 한다.

⑤ 오늘의 활동에 대한 느낌을 나눈다.

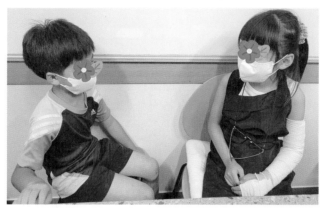

작업 과정 예시

5) 적용 및 수정

• 상담 과정을 녹화하여 상담 종결 후에도 영상을 재시청하면서 배려, 존중을 재경험
  할 수 있도록 한다.

• 가족상담의 경우, 상담자는 가족 구성원으로 역할을 배정하여 연극하고 연극 활동을
  영상으로 촬영하고 가족과 함께 시청한 후 이야기를 나눌 수 있다.

5 동작 놀이

오감 만나기

1) 준비물

〈짤랑짤랑 으쓱으쓱〉(정근/이수인) 음악[2] 및 가사[3], 컵 전화기(상담자가 미리 준비한다), 마시멜로

〈짤랑짤랑 으쓱으쓱〉 음악

〈짤랑짤랑 으쓱으쓱〉 가사

 준비물 예시

2) 적용 유형

개인, 가족, 집단

3) 목표

• 오감(시각, 청각, 후각, 미각, 촉각)을 경험하면서 신체를 인식한다.

• 나, 너, 우리를 만나며 사회성을 향상한다.

---

2) 〈짤랑짤랑 으쓱으쓱〉 음악. https://www.youtube.com/watch?v=3pN7YmZcsQ4
3) 〈짤랑짤랑 으쓱으쓱〉 가사. https://blog.naver.com/choeunhadan/220660763162

4) 작업 과정

① 유아가 동그랗게 모여서 〈짤랑짤랑 으쓱으쓱〉 노래에 맞추어 율동 동작을 한다.

② 유아는 두 명씩 짝을 지어 컵 전화기를 양쪽에서 들고, 한 명은 긍정적인 말을 하고 다른 한 명은 그 소리를 듣는다(예: '사랑해' '사이좋게 놀자' '친하게 지내자' 등).

③ 유아들이 역할을 바꾸어 활동한다.

④ 유아를 두 명씩 짝 지어 마시멜로를 2개씩 나누어 준다.

⑤ 한 개는 마시멜로 향의 후각을 느끼면서 먹고, 또 다른 한 개는 짝에게 서로 먹여 준다.

⑥ 유아들은 동그랗게 앉아서 노래하며 앞에 앉은 친구의 등을 안마해 준다. 반대 방향으로 앉아서 친구에게 안마해 준다.

⑦ 오늘의 활동에 대한 느낌을 나눈다.

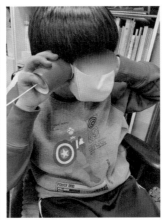

작업 과정 예시

5) 적용 및 수정

• 컵 전화기는 유아가 직접 만들 수 있다.

• 상담 종결 후에도 컵 전화기를 가져가서 가족들과 긍정적인 대화를 해 보도록 한다.

• 비대면의 경우, 온 가족이 참여하여 활동할 수 있다.

- 이때 상담자는 아빠가 자녀에게 해 주고 싶은 긍정적인 말, 엄마가 자녀에게 해 주고 싶은 긍정적인 말, 자녀가 부모에게 하고 싶은 긍정적인 말을 할 수 있도록 안내한다.

제3부

아동을 위한
예술놀이치료기법

09
라포 단계

> **1** 미술 놀이
>
>
> ## 뿌직~ 쉐이빙 폼 놀이

1) 준비물

쉐이빙 폼, 쟁반(개인) 혹은 김장비닐(집단), 수채화 물감, 아이스크림 막대기, 폼폼이, 스팽글, 생일 케이크 초 등 꾸미기 재료

 준비물 예시

2) 적용 유형

개인, 집단, 가족

3) 목표

• 감각 이완 및 정서적 안정감을 가진다.

4) 작업 과정

① 쉐이빙 폼을 상담자가 내담자의 손에 적당량을 뿌려 주고 탐색하도록 한다.

② 내담자가 직접 쟁반에 쉐이빙 폼을 짜서 자유롭게 탐색해 본다.

③ 원하는 색깔의 수채화 물감을 선택하여 쉐이빙 폼에 섞어 보고 자유롭게 놀이한다.

④ 아이스크림 막대기 혹은 스팽글 등을 가지고 쟁반이나 비닐 위에 아이스크림, 케이 크 등 자신이 만들고 싶은 것을 표현하며 놀이한다.

⑤ 오늘의 활동에 대한 느낌을 나눈다.

📖 작업 과정 예시

5) 적용 및 수정

• 쉐이빙 폼이라는 매체에 대해 거부하는지 아니면 과몰입하는지 상담자가 관찰한다.

• 쉐이빙 폼으로 손가락 그림을 그린 후 도화지에 찍어 내는 활동도 할 수 있다.

2 음악 놀이

짝짝…… 쿵쿵…… 몸으로 소리 내기!

1) 준비물
없음

2) 적용 유형
개인, 가족, 집단

3) 목표
• 친밀감을 형성하고 창의력을 증진시킨다.

4) 작업 과정
① 상담자가 손뼉, 발구름, 손으로 몸을 두들기기 등 신체를 활용하여 소리를 만드는 시범을 보인다.

② 상담자가 내담자에게 어떤 방법으로 소리를 만들 수 있는지 물어보고, 스스로 소리를 만들 수 있도록 격려한다.
　－"선생님이 시범 보인 것 말고 어떤 방법으로 소리를 만들 수 있을까?"

③ 내담자가 만든 소리를 인정해 주고 상담자도 내담자가 만든 소리를 따라 해 준다.

④ 내담자가 다른 소리도 만들어 볼 수 있도록 상담자가 격려한다.

⑤ 상담자와 내담자가 함께 즉흥 리듬 배틀을 한다.
　－"자, 지금부터 랩 배틀을 하듯 선생님과 리듬 배틀을 해 볼 거예요. 가위바위보로 먼저 할 사람을 정하고 순서대로 리듬을 주고받는 거예요."

⑥ 간단한 동요에 맞춰 상담자와 내담자가 즉흥연주를 하고 마무리한다.

⑦ 오늘의 활동에 대한 느낌을 나눈다.

5) 적용 및 수정

- 내담자가 소리를 만들어 내는 것을 어려워한다면 주변에 물건을 활용해 다양한 소리를 만드는 활동을 할 수 있다.
- 이 활동은 정답이 정해져 있지 않아 틀릴 염려가 없어 아동이 쉽게 흥미를 느낄 수 있다.

3 문학 놀이

아빠랑 함께 피자 놀이를

1) 준비물

『아빠랑 함께 피자 놀이를』(윌리엄 스타이그 저, 보림출판사) 동화책[1], 담요, 색종이 조
각, 물, 베이비파우더

『아빠랑 함께 피자 놀이를』
책 줄거리 영상

준비물 예시

2) 적용 유형

개인, 집단, 가족

3) 목표

• 정서적 교감 및 신뢰 관계를 형성한다.

---

1) 『아빠랑 함께 피자 놀이를』 책 줄거리 영상. https://www.youtube.com/watch?v=lKe92yV8-sg

4) 작업 과정

① 상담자가 아동과 함께 윌리엄 스타이그의 『아빠랑 함께 피자 놀이를』 동화책을 읽는다.

아빠랑 함께 피자 놀이를

유튜브 영상을 활용해 동화 들려주기

동화책 『아빠랑 함께 피자 놀이를』은 비오는 날 밖에 나가지 못하고 집에 있어야 해서 속상한 피트를 데리고 아빠가 피자 놀이를 하는 내용을 담은 재미있는 책입니다.

출처: https://youtube.com/watch?v=lKe92yV8-sg

② 아동과 함께 동화 속 주인공인 피트와 아빠가 했던 피자 놀이를 한다.

③ 매트나 담요를 깔고 그 위에 아동을 눕혀 도우를 반죽하듯 안마를 해 준다.

④ 피자 만들기에 필요한 오일은 물로 하고 아동의 손에 약간의 물을 발라 준다. 밀가루는 베이비파우더로 대신 하여 아동의 얼굴에 톡톡 발라 주고, 토핑은 미리 잘라 둔 색종이 조각으로 대신 몸에 올려 피자를 완성한다.

⑤ 오늘의 활동에 대한 느낌을 나눈다.

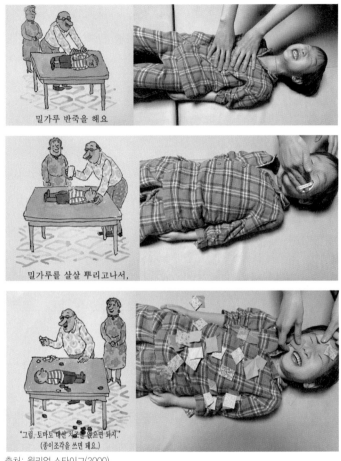

밀가루 반죽을 해요

밀가루를 살살 뿌리고나서,

"그럼, 토마토 대신 치즈를 얹으면 돼지."
(종이조각을 쓰면 돼요.)

출처: 윌리엄 스타이그(2000).

작업 과정 예시

5) 적용 및 수정

• 이 활동은 자녀와 놀아 주고 싶은 부모에게 방법을 알려 주고 가정에서 활용할 수
있다.

• 부모가 직접 따라 해 보면서 아이와 정서적 교감을 나누고 서로에 대한 사랑과 신뢰
를 쌓아 갈 수 있다.

연극 놀이

 # 나를 상징하는 동물은?

1) 준비물

전지, 동물 피규어

준비물 예시

2) 적용 유형

개인, 집단, 가족

3) 목표

• 감정을 탐색하고 관계 패턴을 인식한다.

4) 작업 과정

① 집단원에게 자신을 가장 잘 나타내는 동물 피규어를 고르도록 한다.

② 집단원에게 한 사람씩 전지 위의 자신이 원하는 위치에 피규어를 놓도록 한다.

③ 집단원과 전지 위에 표현된 피규어를 보고 어떠한지 이야기를 나눈다.

④ 전지 위에 표현된 동물이 초식동물도 있고 육식동물도 있는데 함께 어울리며 안전
   하게 지내기 위해서는 어떻게 해야 할지에 대해 이야기 나눈다.

⑤ 이야기 내용을 가지고 전지 위의 피규어를 다시 재구성한다.

⑥ 표현된 내용을 가지고 자신의 삶과 관계 지어 또는 제삼자의 관점에서 이야기를 만
   들어 본다.

⑦ 오늘의 활동에 대한 느낌을 나눈다.

📖 작업 과정 예시

5) 적용 및 수정

• 개별상담의 경우, 8절 도화지 위에 피규어로 꾸미며 진행한다.

• 가족상담의 경우, 피규어를 활용해 가족 관계를 알아볼 수 있다.

5 동작 놀이

 만나서 반가워요~

1) 준비물

없음

2) 적용 유형

집단

3) 목표

• 친밀감 향상과 기능적인 상호 관계를 경험한다.

4) 작업 과정

① 동그랗게 모여서 선다.

  −"다 함께 둥글게 모여 보니 느낌이 어떤가요?"

  −"친구들에게 특별한 방법으로 소개하는 활동을 해 보도록 하겠습니다."

② 먼저, 상담자부터 순서대로 돌아가며 자신의 이름을 간략하게 말한다. 이때 집단의 특성상 실명이 아닌 닉네임을 사용해야 한다면 닉네임으로 진행한다.

  −"선생님을 시작으로 오른쪽부터 차례대로 자신의 이름을 단음절로 소개하겠습니다."

  −"헬로킹" → "짱이야" → "아이언맨"

③ 한 바퀴 돌아 이름 소개가 끝났다면 이번엔 각자 이름에 리듬을 붙여 순서대로 돌아가며 소개한다. 이때도 상담자가 먼저 시범을 보이는 것이 좋다.

  −"한 바퀴를 돌아 이름을 다 들어 보았습니다. 이번에는 이름에 리듬을 붙여 각자의 개성을 살려 소개해 보겠습니다. 다시 선생님부터 시작해서 오른쪽으로 돌아가겠습니다."

  −"헬~~로우↗ 킹!" → "짱↗↘ ↗이야~." → "아↘이언 ↗맨↝."

④ 이번에 ③에 동작을 추가해 자기소개를 한다. 이때 앞의 소개와 다른 점은 집단원이
　동작을 마치면 다른 집단원이 그 동작을 따라 해 준다.
　　－"이제 자기소개에 동작을 더해 보겠습니다. 이때 친구가 자기소개와 함께 동작을 하면 다른
　　　친구들이 그 동작을 따라 해야 합니다."
　　－집단원 A: " 헬~~로우╱ 킹! (양손을 들어 딸랑딸랑 흔든다.)
　　－다른 집단원: " 헬~~로우╱ 킹! (양손을 들어 딸랑딸랑 흔든다.) 똑같이 따라 한다.
⑤ 활동 마무리로 나태주 시인의 『풀꽃 2』를 들려주고 마무리한다.

풀꽃 2

나태주

이름을 알고 나면 이웃이 되고
색깔을 알고 나면 친구가 되고

(……)

출처: 나태주(2015).

⑥ 오늘의 활동에 대한 느낌을 나눈다.
　　－"오늘 친구들과 인사하고 서로의 이름을 부르는 활동을 하였습니다. 오늘 이 활동이 여러분
　　　에게 어떤 의미가 있었는지 이야기해 봅시다."

📖 작업 과정 예시

5) 적용 및 수정

• 서로 친해지기 위해선 관심을 갖고 인사하고 이름을 불러 주는 활동이 필요하다. 이 것이 사회성을 기르는 첫걸음이라고 여긴다.

• 마무리에서 오늘 활동이 도움이 되었던 친구가 있었는지 물어보는 것도 좋다.

탐색 단계

10

---

 1 미술 놀이

 ## 등에 그림 그리기 챌린지

---

1) 준비물

8절 도화지, 펜, 투명 테이프(12mm)

🎨 준비물 예시

2) 적용 유형

개인, 집단, 가족

3) 목표

• 친밀감을 형성하고 상호작용을 증진시킨다.

4) 작업 과정

① 집단원은 둘씩 짝을 짓고 벽 앞에 나란히 선다.

② 한 사람은 예술가가 되고 다른 한 사람은 캔버스가 된다. 캔버스 역할을 하는 사람은 벽 앞에 서고 예술가는 캔버스 역할을 하는 사람의 등을 보고 선다.

③ ②에서 상담자는 벽과 캔버스 역할을 하는 사람 등 뒤에 도화지를 붙여 준다.

④ 예술가는 캔버스 역할을 하는 사람 등에 붙어 있는 도화지에 그림을 그린다.

⑤ 캔버스 역할을 하는 사람은 ④에서 예술가가 그린 그림을 등에 느껴지는 감각만으로 그림을 따라 그린다.

⑥ 짝끼리 서로 그린 그림을 확인한다.

⑦ 역할을 바꿔서 다시 진행한다.

⑧ 오늘의 활동에 대한 느낌을 나눈다.

작업 과정 예시

5) 적용 및 수정

• 첫 번째 그림은 간단한 그림으로 시작하는 것이 좋다. 예를 들어, '하트'는 대부분의 아동이 쉽게 연상하고 모양을 떠올렸을 때 위협적이지 않고 편안하기 때문에 처음 시도로 적절하다.

음악 놀이

 # 테리픽 잼

1) 준비물

여러 가지 악기

준비물 예시

2) 적용 유형

집단(3~6명), 가족

3) 목표

• 타인과의 공감 능력을 향상시킨다.

4) 작업 과정

① 상담자는 여러 가지 악기를 소개하고 어떻게 소리를 내는지 시범을 보인다.

② 집단원은 여러 악기를 탐색하는 시간을 갖는다.

③ 각자 마음에 드는 악기를 하나씩 선택한다.

－"자, 각자 악기 탐색이 끝났다면 천천히 악기를 바라보며 자신이 끌리는 악기를 선택해 주세요."

④ 상담자가 스토리텔러가 되어 스토리텔링(예: 슬픈 감정이 느껴지는 이야기, 기쁜 감정이 느껴지는 이야기 등)을 진행한다. 이때 집단원은 스토리의 느낌을 악기로 연주하도록 안내한다.

⑤ 집단원 중 한 명을 스토리텔러로 선정하여 ④를 진행한다.

⑥ 다른 집단원으로 역할을 바꾸어 진행한다.

⑦ 오늘의 활동에 대한 느낌을 나눈다.

5) 적용 및 수정

• 테리픽 잼(Terrific Jam) 활동은 내담자가 타인의 이야기를 집중해서 듣고 그 이야기의 느낌을 리듬으로 표현하는 활동이다. 또한 타인의 느낌을 자신의 느낌으로 표현해 봄으로써 공감 능력 향상에 도움이 된다.

• 스토리텔링이 어렵다면, 몇 가지 스토리텔링 예시를 보여 주거나 타인의 동작을 보고 악기로 표현하도록 할 수 있다.

3 문학 놀이

The Dot

1) 준비물

『점』(피터 레이놀즈 글 · 그림, 문학동네 출판사) 동화책, 도화지, 붓, 수채화 물감, 파스텔 등 그리기 도구

준비물 예시

2) 적용 유형

개인, 집단

3) 목표

• 자기표현을 통해 자신감을 형성한다.

4) 작업 과정

① 상담자가 피터 레이놀즈의 동화책 『점』을 읽어 준다.

> 동화책 『점』은 그림 그리기를 싫어하는 아이 베티를 선생님의 지혜롭고 사려 깊은 마음과 행동으로
> 변화시키는 따뜻한 동화책입니다.

출처: 피터 레이놀즈(2003).

② 책을 읽고 느낀 점에 대해 이야기 나눈다.

③ 동화책 속 주인공인 베티가 되어 도화지에 점을 그린다(예: "우리도 진짜 점을 그려 볼
  까요? 작은 점, 큰 점, 검은 점, 파란 점, 알록달록 색깔 점").

④ ③을 마친 후 도화지에 자신의 이름을 적는다.

⑤ 오늘의 활동에 대한 느낌을 나눈다.

작업 과정 예시

5) 적용 및 수정

• 이 동화책에서 중요한 건 '나는 할 수 있다'는 자신감과 그림으로 표현하면서 느끼는
  즐거움이다. 동화 속 선생님처럼 상담자가 내담 아동의 작은 행동에도 따뜻한 시선
  으로 바라보고 지지해 주는 것이다.

• 상담실에 완성된 그림을 액자로 걸어 두고 전시할 수 있다.

4　연극 놀이

꼬리말 떼기

1) 준비물

풍선, 네임펜, 풍선펌프

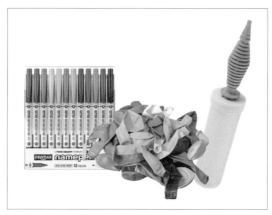

준비물 예시

2) 적용 유형

개인, 집단, 가족

3) 목표

• 부정적인 꼬리말 떼기 및 해결점 찾기

4) 작업 과정

① 가정이나 학교에서 나에게 붙는 부정적인 말을 생각해 보고 워크시트지에 적어 본다.

② 풍선을 불어서 워크시트지에 적은 부정적인 말을 하나하나 그 위에 옮겨 적는다.

③ 상담자가 친구 혹은 주변 인물이 되어 부정적인 말을 전달하는 역할을 한다.

④ 내담자는 왜 자신에게 이러한 부정적인 꼬리말이 붙게 되었는지 생각해 본다. 충분히 자기변명의 기회와 개선점을 생각해 볼 수 있도록 시간을 준다.

⑤ 자신에게 붙여진 꼬리말을 뗄 수 있는 방법을 찾았다면 그 방법을 크게 소리 지르며 풍선을 터트린다.

⑥ 자신에게 붙은 부정적인 꼬리말을 떼어 내는 간접적인 경험에서 느낀 기분에 대해 이야기 나눈다.

⑦ 오늘의 활동에 대한 느낌을 나눈다.

5) 적용 및 수정

• 상담자가 꼬리말을 읽어 줄 때 내담자가 몰입할 수 있도록 리얼하게 연기해 주는 것이 중요하다.

• 풍선이 잘 터지지 않을 때는 뾰족한 도구를 준비해 터트리도록 한다. 그래야 부정적인 말에서 빨리 빠져나오는 쾌감을 경험할 수 있다.

5 동작 놀이

아슬아슬 막대와 춤을

1) 준비물

목봉

준비물 예시

2) 적용 유형

집단, 가족

3) 목표

• 공간 탐색 및 조절 기능을 강화시킨다.

4) 작업 과정

① 상담자가 오늘 활동에 대하여 설명한다. 이때 목봉 사용에 대한 안전 지도를 철저히 한다.

　－"오늘은 목봉을 사용하는 놀이이기 때문에 우리가 안전하게 놀이를 할 수 있도록 규칙을 정해 볼까요?"

－"목봉으로 친구를 때리거나 찌르면 매우 위험하기 때문에 서로 조심스럽게 다루어야 해요."

② 두 명에게 하나의 목봉을 나눠 주고, 상담자가 잡는 법을 시범한다.

③ 두 사람이 목봉을 가운데 두고 서서 목봉의 양 끝을 오른손 검지손가락 또는 손바닥을 밀어 떨어지지 않도록 한다. 이 상태로 서로 밀었다 당겼다 하며 조심히 움직인다.

④ 어느 정도 익숙해지면 음악에 맞춰 춤을 춘다. 이때 짝꿍과 서로 눈빛, 몸짓으로 소통하며 움직여야 목봉을 떨어트리지 않고 춤을 출 수 있다.

⑤ 위아래 다른 짝꿍들의 막대 밑으로 지나가기도 하고 조심스럽게 움직여 춤을 춘다.

⑥ 자연스럽게 상담자가 다른 짝꿍과 만나 네 명이 함께 움직이도록 안내한다. 이때 상담자는 흐름이 끊기지 않도록 자연스럽게 제시한다.

⑦ 마지막에 모둠끼리 엔딩 포즈를 멋있게 취한 후 사진을 찍는다.

⑧ 오늘의 활동에 대한 느낌을 나눈다.

작업 과정 예시

5) 적용 및 수정

• 집단원이 음악에 몸을 맡겨 동작이 끊기지 않고 자연스럽게 물 흐르듯이 움직이게 하는 것이 중요하다. 그러기 위해서는 상담자의 음악 선곡도 중요하다.

• 활동곡 추천

느린 곡	빠른 곡
조지 윈스턴 – Joy	제니퍼 로페즈 – Let's get loud
Scott Joplin–The Entertainer	Freddy Fender–Wolly Bully

11

표출 단계

1 미술 놀이

종이컵에 담아 날려 버려~

1) 준비물

종이컵, 유성 매직, 투명 테이프(12mm), 가위

준비물 예시

2) 적용 유형

개인, 집단

3) 목표

• 발산을 통한 감정의 정화를 경험한다.

4) 작업 과정

① 4~5명이 한 모둠이 되도록 한다.

② 한 모둠당 50개 이상의 종이컵을 나눠 준다.

③ 모둠별로 자유롭게 어떠한 건축물을 지을 것인지 논의한다.

④ 종이컵을 활용하여 건축물을 짓는다.

⑤ 건축물이 완성되면 모둠별 발표를 진행한다.

⑥ 모둠별 발표가 끝나면 다 함께 건축물을 부수는 세리머니를 한다.

⑦ 세리머니를 마친 후 모둠별로 모여 유성 매직, 투명 테이프, 가위를 활용해 자신이
  만들고 싶은 것을 만든다.

⑧ 각자 만든 미술 작품을 가운데 모아 놓고 오늘의 활동에 대한 느낌을 나눈다.

작업 과정 예시

5) 적용 및 수정

• 저학년의 경우 종이컵을 쌓다가 자주 무너지면 짜증이 날 수 있으므로 건축물의 규
모를 작게 한다.

2	음악 놀이

난화로 보는 내 마음

1) 준비물

다양한 템포의 음악, 8절 도화지 3~4장, 수재화 물감, 붓, 모양 펀칭기, 풀

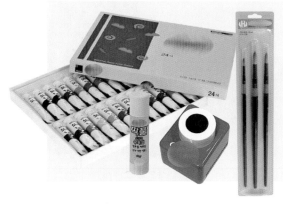

준비물 예시

2) 적용 유형

개인, 집단, 가족

3) 목표

• 정서 표출 및 정화를 경험한다.

4) 작업 과정

① 상담자는 빠른 템포의 음악, 느린 템포의 음악 등 다양한 음악을 준비하여 틀어 준다.

② 음악에 맞춰 팔을 돌리거나 전신을 움직이면서 경직되고 억제된 몸과 마음을 이완시킨다.

③ 도화지에 자신이 좋아하는 물감을 선택하여 점을 찍거나 선을 그으며 자유롭게 낙서한다. 이때 상담자는 미리 준비한 음악을 틀어 주고 음악에 맞춰 감정을 선으로 표현할 수 있도록 유도한다.

　－"여러분! 지금부터 어린시절로 돌아가 자유롭게 낙서를 할 것입니다. 단, 선생님이 들려주는 음악을 듣고 느껴지는 감정을 실어 낙서를 진행합니다."

④ 자유롭게 표현된 선을 이리저리 돌려 보면서 이미지를 떠올린다.

⑤ 이미지가 떠오르면 난화가 그려진 종이를 펀칭기로 모양을 여러 개 찍어 낸다.

⑥ 펀칭기로 찍어 낸 모양을 가지고 자신이 떠올린 이미지를 만들어 다른 도화지에 붙인다.

⑦ 이미지를 구체화하기 위해 선을 더 첨가하거나 색을 칠해 준다.

⑧ 오늘의 활동에 대한 느낌을 나눈다.

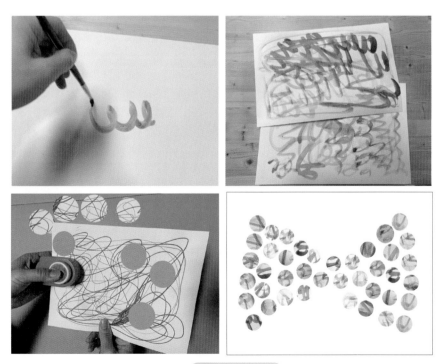

작업 과정 예시

5) 적용 및 수정

- 연상 작업을 통하여 난화에서 찾은 그림을 내담자의 심리 및 생활과 관련시켜 이야기를 나눈다.
- 그림이 자신에게 주는 메시지를 찾아보도록 질문할 수 있다.
- 난화 그리기는 작업 자체만으로도 아동의 감정 정화와 창의력, 표현력 발달에 도움이 된다. 이 활동은 난화 작업에 펀칭기 작업을 추가해 소근육 발달에도 도움을 준다.

3 문학 놀이

데칼코마니 스토리텔링

1) 준비물

검은색 8절 도화지, 흰색 8절 도화지, 수재화 물감

준비물 예시

2) 적용 유형

개인, 집단, 가족

3) 목표

• 스토리텔링을 통해 내면을 이해한다.

4) 작업 과정

① 검은색과 흰색 8절 도화지를 준비한다.

② 8절 도화지를 반으로 접어 수채화 물감을 자유롭게 짠 후 다시 접었다 펼친다.

③ ②를 검은색과 흰색 도화지에 자신이 원하는 만큼 여러 장을 찍어 낸다.

④ ③에서 마음에 드는 이미지를 3~4장 고른다. 이때 두 색상의 도화지가 적어도 한

장씩은 포함되도록 고른다.

⑤ 이미지를 자유롭게 나열하여 이야기를 꾸며 준다. 이때 검은색 도화지는 슬픔, 흰색 도화지는 기쁨으로 설정하고 이야기를 꾸며서 적는다.

　－"평화로운 숲속 나무 위에 고릴라와 나비가 살았는데, 어느 날 슬픈 나비가 날아와 행복한 나비에게 옆 나라에 로켓이 발사되고 비행기가 하늘을 날아다니며 전쟁이 일어났다는 소식을 전했다."

⑥ 완성이 되면 이야기를 나눈다.

⑦ 오늘의 활동에 대한 느낌을 나눈다.

 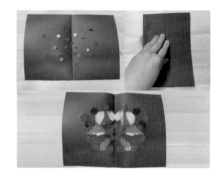
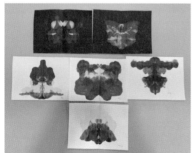 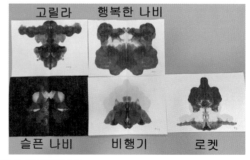

작업 과정 예시

5) 적용 및 수정

• 집단상담의 경우, 집단원의 데칼코마니를 모아 스토리텔링하면 된다.

• 데칼코마니를 할 때 수채화 물감이 도화지 밖으로 나오지 않도록 유의한다.

4 연극 놀이

힘들지? 엄지-척!

1) 준비물

석고 붕대, 미지근한 물, 종이컵, 가위, 사인펜, 수채화 물감 등 그리기 도구

준비물 예시

2) 적용 유형

개인, 집단, 가족

3) 목표

• 자기 탐색 및 자기표현을 통해 자신감을 형성한다.

4) 작업 과정

① 석고 붕대를 아동의 손가락 길이와 손가락을 감쌀 정도의 너비로 잘라 놓는다.

② 작업 전 손에 로션을 바른다.

③ 석고 붕대 조각을 미지근한 또는 따뜻한 물에 적신 후 손가락에 한 장씩 붙여 준다.

④ ③ 여러 번 반복하여 손가락이 잘 감싸지도록 문지른다.

⑤ 감싸진 석고 붕대는 5~7분 정도 후 살짝 열기가 올라오다 식으면서 굳게 된다.

⑥ 석고가 다 굳으면 손가락에서 잘 떼어 낸다.

⑦ 아동이 다루기 편리한 사인펜과 수채화 물감 등의 도구로 자신이 원하는 캐릭터를 그린다.

⑧ 완성된 석고 붕대 인형을 손가락에 끼고 인형극 놀이(손가락 인형극)를 한다.

⑨ 오늘의 활동에 대한 느낌을 나눈다.

작업 과정 예시

5) 적용 및 수정

• 개인상담의 경우, 가족 수만큼 손가락 인형을 만들어 가족을 주제로 역할 놀이를 진행할 수 있다.

동작 놀이

5 매직 도넛

1) 준비물

탄력 밴드

준비물 예시

2) 적용 유형

집단

3) 목표

• 감정을 표출하고 상호작용을 증진시킨다.

4) 작업 과정

① 집단원이 동그랗게 둘러앉아 탄력 밴드를 잡고 당겨 서로의 힘을 조절한다.

② 탄력 밴드를 좌우로 움직이고 위아래로 올렸다 내렸다 하며 스트레칭을 한다.

③ 탄력 밴드를 펼친 후 안으로 들어가 밴드를 등받이에 받친 상태로 앉는다. 이때 서
로 힘을 조절해야 균형을 잡고 앉을 수 있다.

④ 집단원은 가위바위보로 술래를 정하고, 술래는 밴드 안으로 들어가고 다른 집단원
   은 밴드 바깥쪽에 선다.

⑤ 술래는 집단원의 발을 터치하면 이긴다. 다른 집단원은 술래가 다가오면 발을 터치
   하지 못하도록 탄력 밴드를 아래로 내려 자신의 발을 숨긴다.

⑥ 술래에게 발을 터치당한 집단원이 술래가 된다.

⑦ 오늘의 활동에 대한 느낌을 나눈다.

작업 과정 예시

5) 적용 및 수정

• 탄력 밴드를 활용해서 움직일 때 바닥이 미끄러우면 넘어질 수 있으므로 양말을 벗
  고 맨발로 활동하는 것이 안전하다.

• 탄력 밴드는 무용/동작 회기에서 다양하게 사용할 수 있는 소도구로 체육사에서 구
  매하거나 동대문 시장에서 직접 천을 사서 만들 수도 있습니다. 직접 천을 사서 만들
  면 좀 더 저렴하게 구매 가능하며 크기도 다양하게 만들 수 있습니다.

  (아동 7~8명까지는 450~540cm, 성인 8~9명은 630~720cm)

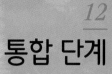

12

통합 단계

---

1 미술 놀이

조각 그림 벽화

---

1) 준비물

사포(A4 사이즈), 크레파스, 아크릴 물감(화이트), 붓, 투명 테이프(넓이 5.5cm)

 준비물 예시

2) 적용 유형

집단, 가족

3) 목표

• 소속감 및 협응 능력을 증진시킨다.

4) 작업 과정

① 이 활동은 상담사의 사전 준비 과정이 필요하다. 상담사가 집단 수업 전 A4 사이즈
의 사포를 집단원의 수만큼 준비한다. 준비된 사포를 원하는 모양으로 배치한 후 흰
색 아크릴 물감으로 밑그림을 그린다. 밑그림이 완성되면 사포 뒷면에 번호를 쓴다
(뒷면에 번호를 쓰는 이유는 다시 모아 원래 모양을 만들 때 수월하기 때문이다).

② 미리 준비한 사포 조각을 임의로 아동들에게 나눠 준다.

③ 아동들에게 나중에 무슨 그림이 될지는 아직 생각하지 말고 사포에 자유롭게 그림
을 그리도록 한다. 단, 사포를 미리 그려 놓은 흰색 선을 침범하지 않고 그리거나 흰
색 선을 활용하여 연상되는 것을 그리도록 안내한다.

④ 완성된 조각들을 아동들과 함께 맞춰 본다.

⑤ 오늘의 활동에 대한 느낌을 나눈다.

작업 과정 예시

5) 적용 및 수정

- 밑그림을 그릴 때 너무 복잡한 것보다 상담사가 집단에게 전하고 싶은 메시지를 간단하게 그리는 것이 좋다(예: 하트, 배 등).
- 밑그림을 그리기 어렵다면 전지를 오려 커다란 원을 준비한 후 그 원을 조각으로 나눠 주고 작업하여 집단 만다라를 만드는 방법도 있다.

| 2 | 음악 놀이 |

마음의 소리(cup beat)

1) 준비물

투명 테이크아웃 컵, 아크릴 물감, 붓, 스티커

🪴 준비물 예시

2) 적용 유형

개인, 집단, 가족

3) 목표

• 억압된 감정 표출 및 상호작용을 증진시킨다.

4) 작업 과정

① 준비된 매체를 탐색하는 시간을 갖는다.

② 투명 테이크아웃 컵 표면에 스티커나 아크릴 물감 등으로 꾸며 나만의 컵 타를 만든다.

③ 완성된 컵 타를 가지고 자유롭게 리듬을 만들며 표현해 보는 시간을 갖는다.

④ 음악에 맞추어 컵 타를 연주해 보기도 하고 집단 활동 시 함께 합주 놀이를 경험한다.

⑤ 오늘의 활동에 대한 느낌을 나눈다.

작업 과정 예시

5) 적용 및 수정

• 다른 친구들의 비트를 들었을 때 어떤 느낌이 들었는지, 나만의 비트를 표현했을 때
  어떤 느낌이 들었는지 의견을 나누는 시간을 갖는다.

• 집단원이 많을 경우에는 모둠별 혹은 가족 단위의 작은 음악회를 여는 것으로 확장
  할 수 있다.

3 문학 놀이

나에게 힘을 주는 Power Top!

1) 준비물

색깔 종이컵, 네임펜, 꾸미기 스티커

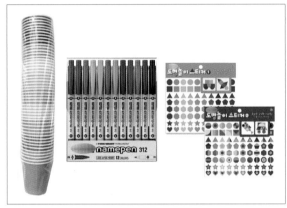

준비물 예시

2) 적용 유형

개인, 집단, 가족

3) 목표

• 자신감 및 자기조절 능력을 향상시킨다.

4) 작업 과정

① '자신에게 힘을 주는 말'이 무엇인지 생각하고 그 말을 종이컵에 적은 후 꾸민다. 다 꾸민 후 종이컵에 자신의 이름이 잘 보이도록 적는다.

② '자신에게 힘을 주는 말'을 돌아가면서 발표한다. 이때 친구의 발표가 끝나면 다른 집
단원은 친구의 말을 잘 듣고 자신에게 똑같이 힘을 주는 말을 크게 함께 외쳐 준다.

③ ②가 끝나면 '가위바위보'를 하여 두 팀으로 나누고 팀별로 자신이 꾸민 컵을 갖고
앉는다.

④ 컵 쌓기 시합 전에 팀끼리 어떻게 쌓을 것인지 의논하는 시간을 갖는다.

⑤ 팀별로 한 명씩 주자가 되어 릴레이로 달려가 컵 쌓기 시합을 한다.

⑥ 컵 쌓기 게임에서 주자는 자신에게 힘을 주는 말을 크게 외치며 출발하고 컵을 쌓고
되돌아온다. 이때 다른 집단원은 주자가 외친 말로 크게 응원한다.

　－"자, 지금부터 컵 쌓기 게임을 시작하겠습니다. 먼저 컵을 빠르게 쌓는 팀이 승리하는 게임
입니다. 주자는 자신에게 힘을 주는 말을 크게 외치면서 출발하세요~. 기다리는 팀원들은
주자가 외치는 말을 잘 듣고 외친 말로 크게 응원해 주세요."

⑦ 오늘의 활동에 대한 느낌을 나눈다.

작업 과정 예시

5) 적용 및 수정

- 컵을 쌓다 컵이 쓰러지면 다른 집단원이 '괜찮아'를 크게 외쳐 용기를 줄 수 있도록 한다. 이 활동은 힘을 주는 말로 즐겁게 놀이하는 활동이므로 좌절감을 주면 안 된다.

- 개별 상담의 경우, 힘을 주는 말을 목록표로 만들어 놓고 상담자와 컵을 함께 만든 후 탑 쌓기를 진행한다.

연극 놀이

나의 이야기(라하드 6조각)

1) 준비물

8절 도화지, A4 용지, 사인펜, 색연필, 필기구, 여러 색깔의 천

준비물 예시

2) 적용 유형

집단, 가족

3) 목표

• 자신의 스트레스 대처 방법을 이해하고, 부정적인 감정을 정화시킨다.

4) 작업 과정

① 8절 도화지를 6등분한다.

② 각 칸에 다음과 같은 내용을 나타내는 그림을 그린다.

첫 번째 칸	두 번째 칸	세 번째 칸
– 주인공과 주인공이 사는 곳을 그리시오.	– 주인공의 목표나 꿈, 임무를 그리시오.	– 목표나 꿈, 임무를 달성하도록 도와주는 것을 그리시오(예: 사람이나 물건 등).
네 번째 칸	다섯 번째 칸	여섯 번째 칸
– 목표나 꿈을 달성해 나가는 과정에서 역경이나 고난을 그리시오.	– 고난과 역경을 헤쳐 나가는 방법을 그리시오.	– 고난과 역경을 극복한 후의 결과나 이후의 이야기를 그리시오.

③ ②의 그림 내용을 이야기로 만들어 A4 용지에 적는다.

④ 한 사람씩 돌아가며 자신의 이야기를 발표한다. 발표가 끝나면 가장 공감되는 이야기를 하나 선정하여 연극 대본 텍스트로 작성한다.

⑤ 대본에 나온 배우를 선정하고 연극을 한다. 이때 역할에 따라 다른 색의 천을 망토로 두르고 역할에 구별을 둔다.

⑥ 오늘의 활동에 대한 느낌을 나눈다.

5) 적용 및 수정

• 집단의 특성에 따라 개별적으로 이야기 꾸미는 것을 어려워한다면 집단이 함께 6칸의 스토리를 구성할 수 있다.

• '라하드 6조각 이야기 만들기'는 개인의 이야기를 소재로 연극치료에서 많이 사용하는 기법으로 라하드(M. Lahad)가 개발하였다. 이 활동은 내담자에게 영웅신화와 같은 맥락에서 이야기를 만들게 하여 내담자가 스트레스에 어떻게 대처하는지 이해할 수 있다.

5 동작 놀이
 # 우리들 세상 만들기

1) 준비물

소포 전지, 크레파스, 투명 박스 테이프, 가위

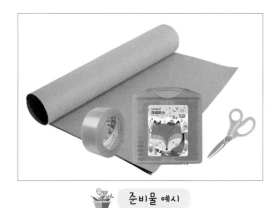

준비물 예시

2) 적용 유형

집단, 가족

3) 목표

• 내적 욕구를 탐색하고 안전기지를 경험한다.

4) 작업 과정

① 모둠을 만들고 각 모둠에 전지를 한 장씩 나눠 준다.

② 모둠별 안전하다고 생각하는 공간을 크레파스로 꾸민다.

③ 공간이 완성되면 안전한 공간에 대해 모둠별로 발표한다.

④ 모둠별로 만든 안전한 공간을 서로 연결하는 방법에 대해 이야기 나눈다.

⑤ 전지, 가위와 투명 테이프를 활용하여 안전한 공간을 연결하여 우리들 세상을 만든다.

⑥ '우리들 세상'이 완성되면 모둠별로 자유롭게 여행도 하고 머물고 싶은 곳에 머물러 보기도 한다.

⑦ 오늘의 활동에 대한 느낌을 나눈다.

작업 과정 예시

5) 적용 및 수정

• 공간이 협소하거나 집단원이 소그룹일 경우 개인 공간을 작업한 후 집단 작업으로 연결할 수 있다.

13

종결 단계

1 미술 놀이

나의 보물상자

1) 준비물

선물 상자, 연필, 지우개 등의 필기도구, 네임펜, 유성 매직 등의 색칠 도구, 포스트 잇, 개별 포장이 된 간단한 간식

 준비물 예시

2) 적용 유형

개인, 집단

3) 목표

• 자기 격려 및 자기 지지를 통해 내적 자원을 강화시킨다.

4) 작업 과정

① 상담자는 내담자에게 상자를 하나씩 나눠 준다.

② 상자에 자신을 상징하는 캐릭터를 그려 자신의 상자임을 표시한다(그리기가 어렵다면 간단하게 이름을 적어도 좋다).

③ 참여자들에게 상자를 돌리며 상자의 겉면과 속면에 친구에 대한 격려와 그동안 함께했던 소감 등을 적어 준다.

④ 모든 참여자가 상자에 메시지를 다 적었다면 자신의 상자를 받아 자리로 돌아온다.

⑤ 상담자는 내담자들에게 그동안 진행한 회기만큼 포스트잇과 간식을 나눠 준다(총 8회기를 진행하였다면 8장의 포스트잇과 8개의 간식을 나눠 준다).

⑥ 그동안 1회기부터 마지막 회기까지 하나하나 떠올리며 내가 했던 다짐이나 그때의 느낌 등을 적는다. 글의 길이는 길지 않아도 되며, 나에게 해 주고 싶은 말을 적으면 된다.

⑦ 적은 포스트잇을 과자 하나에 붙이고 상자에 담는다. 진행 회기만큼 작업이 다 끝나면 상자 뚜껑을 덮고 집에 가져가도록 안내한다.

⑧ 상담자는 내담자들이 집에 돌아가 과자 상자를 열고 메시지를 하나씩 읽으며 과자를 먹을 수 있도록 한다. 과자의 달콤함을 느끼며 그동안 진행한 회기들이 즐거운 추억으로 남을 수 있도록 잘 안내한다.

⑨ 오늘의 활동에 대한 느낌을 나눈다.

작업 과정 예시

5) 적용 및 수정

- 아동의 경우, 치료 과정을 되돌아보는 것이 어려울 수도 있다. 따라서 상담자가 치료
  목적과 이루어야 할 성취를 적고 보여 주면서 활동할 수 있다.
- 이 활동은 내담자가 활기찬 방법으로 축하하는 방식으로 자기 자신이 이룬 성공의
  기쁨을 느낄 수 있게 구성된 프로그램이다.

2   음악 놀이

'소우주' 노랫말 개사하기

1) 준비물

〈소우주〉 음악[1] 및 가사[2], 연필, 지우개, 블루투스 스피커, A4 용지

〈소우주〉 음악

〈소우주〉 가사

 준비물 예시

2) 적용 유형

개인, 집단

3) 목표

• 긍정적인 자아상 확립 및 희망을 고취한다.

4) 작업 과정

① BTS의 〈소우주〉 음악을 함께 듣는다.

---

1) 〈소우주〉 노래. https://www.youtube.com/watch?v=Fw7C6lsDYgl
2) 〈소우주〉 가사. https://blog.naver.com/kdseul33/222232106637

② 상담자는 〈소우주〉 음악에 대해 설명하고, 내담자들에게 〈소우주〉 가사를 나눠
  준다.

소우주

반짝이는 별빛들

서로가 본 서로의 빛

깜빡이는 불 켜진 건물

같은 말을 하고 있었던 거야 우린

우린 빛나고 있네

각자의 방 각자의 별에서

가장 깊은 밤에 더 빛나는 별빛

가장 깊은 밤에 더 빛나는 별빛

어떤 빛은 야망

밤이 깊을수록 더 빛나는 별빛

어떤 빛은 방황

사람들의 불빛들

한 사람에 하나의 역사

모두 소중한 하나

한 사람에 하나의 별

70억 개의 빛으로 빛나는

어두운 밤 (외로워 마)

70억 가지의 world

별처럼 다 (우린 빛나)

사라지지 마

70억 가지의 삶 도시의 야경은

큰 존재니까

어쩌면 또 다른 도시의 밤

Let us shine

각자만의 꿈 Let us shine

넌 누구보다 밝게 빛나

어쩜 이 밤의 표정이

One

이토록 또 아름다운 건

저 별들도 불빛도 아닌

어쩜 이 밤의 표정이

우리 때문일 거야

이토록 또 아름다운 건

저 어둠도 달빛도 아닌

You got me

우리 때문일 거야

난 너를 보며 꿈을 꿔

I got you

(……)

칠흑 같던 밤들 속

출처: 다음 사이트 〈소우주〉 가사. https://m.search.daum.net

곡 해석

방탄소년단은 공동체 의식을 '세계'로 넓혀 가자고 이야기한다. 사실 우리는 내가 살고 있는 지역에 속해 있지만, 대한민국에 속해 있으며, 더 넓게는 아시아에 속해 있고, 좀 더 확장해 보면 이 지구상에 속해 있다. 때문에 우리는 대한민국 국민이기도 하지만, 세계 시민이기도 하다. 각 개인이 세계 시민으로서의 공동체 의식을 가지고, 세계에 속한 한 사람 한 사람의 개성을 존중해 준다면 어떻게 될까? 아마도 폐쇄적 집단주의는 사라지고 보다 존중과 연대가 확장돼 평화가 자리 잡게 될 것이다.

출처: 송주연(2019. 4. 25.). 일부 발췌하여 재정리함.

③ 〈소우주〉 가사를 읽고 자신의 마음에 드는 가사 부분을 찾아보고 밑줄을 긋거나, 색이 있는 펜으로 칠한다.

④ 자신의 마음에 드는 가사에 대한 생각이나 느낌을 이야기한다.

⑤ 자신의 마음에 드는 가사를 나의 이야기로 개사해 본다.

⑥ 자신이 개사한 가사를 소개하고 자신의 생각이나 느낌을 나눈다.

⑦ 자신이 개사한 부분을 노래로 불러 본다.

⑧ 오늘의 활동에 대한 느낌을 나눈다.

5) 적용 및 수정

• 집단원이 〈소우주〉 가사를 나눠서 개사한 뒤 함께 불러 볼 수 있다.

• 아동이 너무 어려서 글을 쓰거나 읽는 것이 어려운 경우 아동이 하고 싶은 가사를 상담자가 대신 받아 적어도 된다.

3 문학 놀이

나를 성장시키는 장점 나무

1) 준비물

견출지, 8절 도화지, 네임펜, 색연필

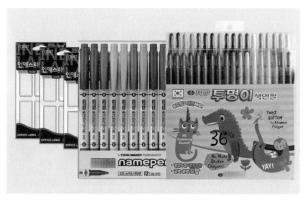

준비물 예시

2) 적용 유형

집단

3) 목표

• 자신감을 형성하고 긍정적인 미래상을 제시한다.

4) 작업 과정

① 상담자는 8절 도화지에 나무를 그리도록 안내한다.

② 상담자는 내담자들에게 견출지를 나눠 준다. 견출지는 1인당 자신을 제외한 전체 인원 수만큼 준다.

③ 친구들의 긍정적인 특성을 떠올려 견출지에 적도록 한다. 이때 성격적인 칭찬도 좋고, 외형적인 칭찬도 좋다.

④ 다 작성된 특성은 상담자의 진행에 따라 자유롭게 움직이며 친구에게 붙여 준다. 이때 머리나 얼굴, 안경에는 붙이지 않고 옷에만 붙일 수 있도록 안내한다.

⑤ 붙일 때 친구와 눈 맞추고 견출지에 적힌 장점을 읽어 준 후 옷에 붙일 수 있도록 한다.

⑥ 모든 내담자가 자신에게 견출지를 다 붙여 준 것을 확인한 후 자리로 돌아와 8절 도화지를 펼친다.

⑦ 옷에 붙은 견출지를 도화지에 붙이고 견출지가 열매가 되도록 나무를 완성한다.

⑧ 오늘의 활동에 대한 느낌을 나눈다.

작업 과정 예시

5) 적용 및 수정

- 저학년의 경우, 예시 문장을 정해 주고 그중에서 선택하여 견출지에 적도록 하는 것이 좋다.
- 또 다른 집단의 예로써 전지에 커다란 나무를 그려 넣고 전체 열매를 붙이도록 할 수 있다.

4 연극 놀이

희망의 런웨이

1) 준비물

음원(신나는 댄스 음악), 흰 면티, 패브릭 펜, 두꺼운 종이

준비물 예시

2) 적용 유형

집단

3) 목표

• 긍정적 자기인식 및 자존감을 향상시킨다.

4) 작업 과정

① 흰 티를 펼쳐 놓고 그림 그릴 부위를 정한 다음 밑에 두꺼운 종이를 대어 흰 티를 팽팽하게 편다.

② 흰 티 앞면에 그림을 그리거나 글씨를 적어 꾸민다.

③ 내 티를 충분히 꾸민 후 친구들과 서로 교환하며 서로의 흰 티를 꾸며 준다. 이때 그 동안의 회기를 지내며 응원의 메시지를 문구나 이미지로 표현하도록 안내한다.

④ 티셔츠가 완성되면 셔츠에 있는 응원의 메시지를 천천히 읽어 볼 수 있는 시간을 준다.

⑤ 다 읽은 후 티셔츠를 입고 신나는 음악에 맞춰 패션쇼를 한다.

⑥ 오늘의 활동에 대한 느낌을 나눈다.

작업 과정 예시

5) 적용 및 수정

• 런웨이하는 장면을 녹화해서 유튜브 또는 틱톡(TikTok)에 올리거나 공유한다.

5 동작 놀이
붉은 실타래 의식 '우리는 하나'

1) 준비물

털실(집단원 수만큼), 가위(상담자용)

준비물 예시

2) 적용 유형

집단

3) 목표

• 타인의 정서를 인식하고 안정된 관계를 촉진한다.

4) 작업 과정

① 집단원이 동그랗게 모여 앉는다. 각자 하나씩 실뭉치를 나눠 준다. 상담자가 먼저 소극적인 친구에게 실타래를 전달하며 감사의 마음을 표현한다.

  -"여기 붉은 실타래가 있어요. 이 실타래를 활동하면서 고마웠던 친구 혹은 힘이 되었던 친구에게 그 마음을 표현하면서 전달할 거예요."

  -"○○○야, ~해서 고마웠어."

② 실타래를 받은 아동은 실타래를 손에 살짝 감고 다른 친구에게 실타래를 전달하며

감사의 마음을 표현한다.

③ 모든 아동이 같은 방법으로 돌아가면서 감사한 마음을 표현하도록 한다.

④ 실타래가 돌아오면 ②를 반복한다. 활동이 끝나면 모두 손을 들어 연결되어 있음을 시각적으로 확인한다. 자신도 모르는 사이에 서로에게 힘이 되고 있었음을 알게 한다.

⑤ 상담자가 가위로 모두 손에 연결된 실타래를 적당한 길이로 잘라 실타래를 끊어 준다.

⑥ 상담자는 집단원이 실타래를 팔찌로 만들어 서로에게 힘이 되어 준 이 순간을 기억할 수 있도록 팔찌 만들기 활동을 진행한다.

⑦ 끊어진 실타래를 땋아 팔찌를 만들어 손목에 묶는다.

⑧ 오늘의 활동에 대한 느낌을 나눈다.

📖 작업 과정 예시

5) 적용 및 수정

• 상담자가 처음에 소극적인 친구에게 실타래를 던짐으로써 소극적인 친구의 자발적인 참여를 촉진한다.

• 비난어가 아니라 그동안 느꼈던 고마움과 미안함을 표현하도록 한다.

제 **4** 부

청소년을 위한
예술놀이치료기법

14

라포 단계

미술 놀이

이건 무엇일까?

1) 준비물

천사 점토, 8절 도화지, 크레파스, 네임펜, 색연필

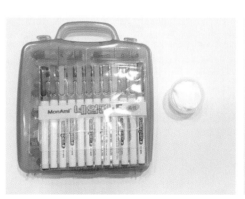 

 준비물 예시

2) 적용 유형

개인, 집단

3) 목표

• 초기 집단 활동에 대한 친밀감을 형성한다.

• 활동에 대해 즐거움을 유발한다.

• 타인과의 시간 약속을 지킨다.

4) 작업 과정

① 집단원에게 천사 점토를 탁구공 모양의 크기로 세 덩이를 떼어 내도록 한다.

② 상담자가 5초를 세는 동안 청소년은 천사 점토 한 덩이를 가지고 자신이 만들고 싶은 무엇인가를 만든다.

③ 상담자의 지시에 따라 한 명씩 돌아가며 자신이 만든 모양을 집단원들에게 보여 주면, 집단원들은 만든 모양이 무엇인지 알아맞혀 본다(예: 자신이 만든 것을 보여 주며 "이것은 무엇일까요?"라고 물으면 '새알' '꽃잎' 등 다양한 대답이 나올 수 있다).

④ 남은 천사 점토 두 덩이도 ②, ③의 과정을 같은 방법으로 진행한다(3회를 만드는 동안 세 가지 형태의 작품을 만든다).

⑤ 청소년은 세 번의 활동 중 만든 작품 중에서 하나를 선택한다.

⑥ ⑤번의 선택한 작품을 도화지 위에 올려놓고 작품과 어울리는 배경을 도화지에 그린 후 자신의 작품을 소개한다.

⑦ 오늘의 활동에 대한 느낌을 나눈다.

작업 과정 예시

5) 적용 및 수정

• 선정한 작품을 올려놓은 도화지에 작품의 배경을 그리는 대신 글을 써도 좋다. 더 나아가 모든 청소년의 작품을 모아 서로의 이야기를 연결하여(storytelling) 집단 응집력을 향상시킬 수 있다.

• 비대면 상담의 경우, 도화지 대신 줌 안에서 화이트보드를 이용하여 배경 그림을 그리며 활동할 수 있다.

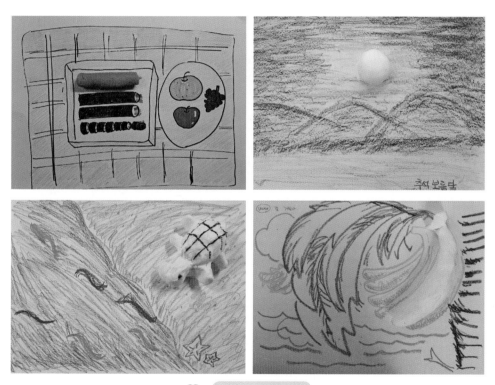

적용 및 수정 예시

2   음악 놀이

소리의 하모니

1) 준비물

편안한 복장, A4 용지, 필기도구

출처: 픽사베이.

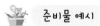 준비물 예시

2) 적용 유형

개인, 집단

3) 목표

• 내 몸에서 나는 소리를 느낄 수 있다.

• 몸을 활용해서 다양한 소리를 탐색하고 경험할 수 있다.

4) 작업 과정

① 자신의 몸에서 낼 수 있는 소리를 찾아본다(예: 두 손으로 입을 막고 소리 내기, 귀를 막고
자신의 목소리를 들어 보거나 귀를 오므리고 들어 보기, 배를 두드리며 소리를 들어 보기).

② 몸을 이용해서 소리를 낸다(예: 손가락 튕기기, 박수 치기, 배 두드리기 등).

③ 청소년은 상담자와 함께 노래를 부르면서 몸을 활용한 소리로 박자를 맞춘다.

④ 상담자가 "아이엠그라운드 자기 소리 내기."라고 외치며 게임을 시작한다.

⑤ 이때 청소년이 자신만의 방법으로 몸의 소리를 낸다.

　　-상담자: "아이엠그라운드 자기 소리 내기~. ○○○(○○○은 상대방 이름)."

　　-청소년: 배를 만지면서 배, 머리를 만지면서 머리, 머리 긁적긁적 등의 몸짓으로 소리 낸다.

⑥ 청소년과 상담자가 번갈아 가며 활동한다.

⑦ 게임 후 몸의 소리를 주제로 글을 써 본 다음 이야기를 나눈다.

⑧ 오늘의 활동에 대한 느낌을 나눈다.

📖 작업 과정 예시

5) 적용 및 수정

• 집단상담의 경우, 두세 명씩 팀을 구성하고 몸으로 소리를 만들어 활동을 진행하면 친밀감을 증진할 수 있다.

• 비대면 상담의 경우, 몸에서 나는 소리 활동을 녹음하여 들어 보고 줌 안에서 화이트 보드나 채팅창을 활용하여 활동에 대한 느낌을 글로 올려 본다.

• 비대면 상담의 경우, 별칭의 예로 장미, 악어, 고양이 이미지로 화면을 만들어 줌에 서 아이엠그라운드 자기 소리 내기~ 활동을 한 후 채팅창에 활동 느낌을 공유한다.

• 별칭을 정할 때 픽사베이[1]에서 이미지를 다운받는다.

줌에서 화면 공유한 예

적용 및 수정 예시

1) pixabay: 무료 이미지를 다운받는 앱(pixabay.com)

3 문학 놀이
무인도에서 살아남기

1) 준비물

〈김씨 표류기〉[2], 〈캐스트 어웨이(Cast a Way)〉[3], 〈마션(The Martian)〉[4] 영화, 8절 도화지, 크레파스, 색연필 등

 〈김씨 표류기〉 영화 축약

 〈캐스트 어웨이〉 영화 축약

 〈마션〉 영화 축약

출처: 네이버 영화.

 준비물 예시

---

2) 〈김씨 표류기〉 영화 축약. https://www.youtube.com/watch?v=8wEz1pgKj78
3) 〈캐스트 어웨이〉 영화 축약. https://www.youtube.com/watch?v=EMrrrT5cMb8
4) 〈마션〉 영화 축약. https://www.youtube.com/watch?v=UTanyJb9lJ0

2) 적용 유형

개인, 집단

3) 목표

- 자신의 감정을 언어화할 수 있다.
- 이야기를 글로 표현할 수 있다.
- 타인의 감정에 공감할 수 있다.

4) 작업 과정

① 상담자는 청소년에게 3~5분 정도로 요약된 〈영화 김씨 표류기〉 〈캐스트 어웨이〉 〈마션〉 중 하나를 보여 준다.

② '나'라면 무인도에서 어떻게 살아남을 수 있을지 생각한다.

③ 무인도에서 탈출할 때까지 살아남을 수 있는 생활 과정을 그림으로 그린다.

④ 그림을 보고 탈출 과정을 글로 표현하고 이야기하도록 한다.

⑤ 오늘의 활동에 대한 느낌을 나눈다.

작업 과정 예시

5) 적용 및 수정

- 집단일 경우, 무인도에 같이 있다면 어떻게 생활하고 어떻게 탈출할지 이야기를 나눈 후 집단원이 함께 그림과 글로 표현할 수 있다.
- 비대면 상담의 경우, 줌 공유 화면에 집단원 모두가 참가하여 화이트보드에 '직접 무인도에서 살아남기' 그림을 그리고 이야기를 나눌 수 있다.

줌에서 화면 공유한 예

📖 적용 및 수정 예시

4 연극 놀이

나는 이런 사람이야~

1) 준비물

자신이 지니고 있는 물건 중 세 개, 8절 도화지

준비물 예시

2) 적용 유형

개인, 집단

3) 목표

- 자신이 지니고 있는 물건으로 나 자신을 인식할 수 있다.
- 부정적인 표현을 들었을 때 'No'라고 거절할 수 있다.
- 다른 사람들을 환영하는 열린 마음을 경험할 수 있다.

4) 작업 과정

① 도화지 위에 자신이 가지고 있는 물건을 세 개 올려놓는다.

② 세 개의 물건을 가지고 "나는 이런 사람이야~."라는 제목으로 나를 소개한다.

③ 집단원에게 자신의 물건을 소개할 때 공감 가는 부분이 있다면 '나도 그래'라는 말을

하면서 하이파이브를 한다.

④ 집단원 모두 물건 소개가 끝난 후 각자 자신이 가지고 있는 세 개의 물건 중 자신을 대표할 수 있는 하나를 선택한다.

⑤ 한 사람이 자신이 선택한 물건을 소개할 때 다른 집단원은 돌아가면서 부정적인 질문을 한다.

⑥ 이때 질문에 대해 무조건 'No'라고 대답한다.

⑦ 집단원이 돌아가면서 'No' 활동을 한다.

부정적인 질문의 예

집단원: 당신은 매일 게임만 하지요?

청소년: (자신 있게 무조건 큰소리로) No.

---

⑧ 오늘의 활동에 대한 느낌을 나눈다.

작업 과정 예시

5) 적용 및 수정

- 수줍어하는 청소년을 위해서는 상담자와 둘이서 힘을 모아 'No'라고 대답할 수 있다.
- 물건 대신 그림으로 자신을 소개할 수 있다.
- 비대면 상담의 경우, 물건 대신 미리 웹사이트(픽사베이)에서 이미지를 찾아 놓은 후 줌 안에서 화면 공유를 이용하여 활동할 수 있다.

줌에서 화면 공유한 예

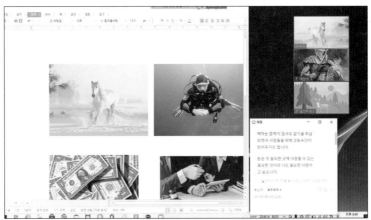

적용 및 수정 예시

5 동작 놀이

만남

1) 준비물

여러 가지 색의 천

준비물 예시

2) 적용 유형

개인, 집단

3) 목표

• 집단 활동 초반에 신체 활동을 통해 긴장감을 이완할 수 있다.

• 신체 활동을 통해 조절력을 경험할 수 있다.

4) 작업 과정

① 탁자에 여러 가지 색의 천을 진열해 놓는다.

② 자신이 원하는 천을 선택한다.

③ 선택한 천을 옆 친구와 서로 밀고 당겨 본다.

④ 집단원 모두의 천을 묶어 원으로 연결한다.

⑤ 집단원 전체가 원에 들어가 허리를 천에 기대어 신체 이완으로 팔다리를 움직이며 신체를 이완할 수 있는 자유로운 동작을 한다. 이때 넘어지지 않도록 서로 지지해 주어야 한다는 규칙을 제안할 수 있다.

⑥ 오늘의 활동에 대한 느낌을 나눈다.

작업 과정 예시

5) 적용 및 수정

• 천을 묶어 원을 만든 후 두 명씩 원 안에 들어가서 몸을 움직여 볼 수 있다.

• 집단원 전체가 적당한 길이로 천을 묶어 '꼬마야 꼬마야' 줄넘기 놀이를 할 수 있다 (천이 밟힐 수 있으니 주의한다).

• 비대면 상담의 경우, 줌 안에서 각자 천(보자기)을 이용하여 두 팔로 당겨 보고, 펄럭이는 소리도 들어 보며, 촉감을 느낀 내용을 서로 이야기 나눌 수 있다.

• 자신의 신체를 천(보자기)으로 꾸민 후 사진을 찍어 줌 공유 화면에 올린 후 함께 나눔을 할 수도 있다.

15

탐색 단계

1	미술 놀이

보석 발견

1) 준비물

자신이 아끼는 오래된 물건(휴대폰 케이스, 이어폰 케이스, 에코백, 옷 등), 아크릴 물감, 붓, 비즈, 글루건, 레이스 등

 준비물 예시

2) 적용 유형

개인, 집단

3) 목표

• 자신이 아끼는 오래된 물건을 탐색하며 의미를 찾아볼 수 있다.

• 물건을 변형시켜 자신의 내면 욕구를 탐색해 볼 수 있다.

4) 작업 과정

① 자신이 아끼는 오래된 물건 중 소개하고 싶은 한 가지를 선택한다.

② 자신이 아끼는 오래된 물건에 대한 의미를 소개한다.

③ 청소년은 자신이 아끼는 물건에서 변형시키고 싶은 부분을 창의적으로 새롭게 꾸민 후 소개한다(예: 레이스 붙이기, 비즈 붙이기 등).

④ 오늘의 활동에 대한 느낌을 나눈다.

작업 과정 예시

5) 적용 및 수정

- 사용하지 않는 오래된 물건을 이용하여 재사용할 수 있도록 꾸밀 수 있다.
- 새롭게 변형한 작품을 가지고 패션쇼 및 쇼케이스를 할 수 있다.
- 비대면 상담의 경우, 픽사베이(pixabay)[1]에서 자신이 원하는 그림을 선택한 후 컴퓨터 바탕화면에 이미지를 깔아 놓는다.
- 줌에서 바탕화면의 이미지를 화면 공유한 후 주석 달기에서 그리기를 설정하여 이미지 위에 직접 그리거나 글로 표현하여 변형시킬 수 있다(예: 수첩 → 원하는 디자인으로 변형한 수첩).

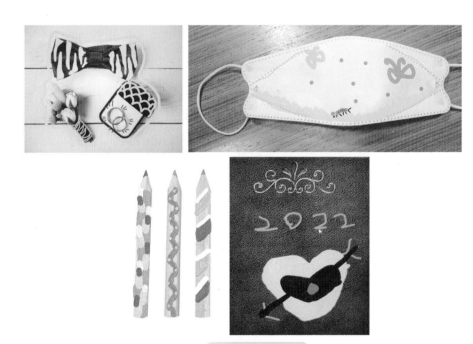

적용 및 수정 예시

---

1) pixabay: 무료 이미지를 다운받는 앱(pixabay.com)
　※픽사베이 그림 찾기 → 바탕화면에 그림 옮기기 → Zoom → 화면 공유 → 주석 달기 → 그리기

2 음악 놀이

콘서트

1) 준비물

핸드폰, 블루투스 마이크, 메모지, 펜

준비물 예시

2) 적용 유형

개인, 집단

3) 목표

- 자신이 좋아하는 노래를 통해 자기 인식을 할 수 있다.
- 타인이 좋아하는 노래를 인식할 수 있다.
- 개별성 및 배려와 화합을 위한 시간을 가진다.

4) 작업 과정

① 자신이 좋아하는 노래를 메모지에 적는다.

② 자신이 선택한 노래를 소개한다.

③ 노래 제목을 적어 놓은 메모지를 모은 후 제비뽑기를 한다.

④ 제비뽑기 순서대로 핸드폰에서 음악 MR을 찾아 노래를 부른다.

⑤ 다 같이 화음을 맞추며 노래한다.

⑥ 오늘의 활동에 대한 느낌을 나눈다.

작업 과정 예시

5) 적용 및 수정

• 노래를 부르며 손뼉 치기, 발 구르기, 비트박스, 춤 등 몸으로 소리를 낼 수도 있다.

• 비대면 상담의 경우, 줌 채팅창에 자신이 좋아하는 노래를 올린 후 순서를 정하고
  MR을 찾아 노래를 부를 때 후렴구는 같이 불러 줄 수 있다. 노래를 부르지 않을 때는
  박수로 리듬을 맞출 수 있다.

3 문학 놀이

나의 비트와 랩

1) 준비물

음악(상담자가 비트 음악을 찾아서 선택할 수 있다), A4 크기의 여러 가지 색지, 색연필, 네임펜, 볼펜 등의 필기도구 등

준비물 예시

2) 적용 유형

개인, 집단

3) 목표

- 자신이 하고 싶은 이야기를 리듬으로 표현하며 자기 인식을 할 수 있다.
- 타인의 리듬에 공감할 수 있다.
- 내면에 하고 싶은 이야기를 랩 형식의 글로 쓸 수 있다.

4) 작업 과정

① 자신이 현재 상황에서 가족, 친구, 선생님 등에게 하고 싶은 이야기를 생각해 본다.

② A4 크기의 색지에 가족, 친구, 선생님 등에게 전하고 싶은 자신의 이야기를 쓴다.

③ 이야기의 내용을 랩으로 빠르게 읽어 본다.

④ 청소년은 랩을 할 때 몸으로 소리를 내고 추임새를 넣는다(예: 쿵짝 또는 얼쑤 등).

⑤ 오늘의 활동에 대한 느낌을 나눈다.

작업 과정 예시

5) 적용 및 수정

• 과거의 경험보다 현재의 상황에서 우선적으로 하고 싶은 이야기에 초점을 맞춘다.

• 주제를 정해 놓고 이야기를 전개하는 것도 가능하다.

• 비대면 상담의 경우, 상담자는 참여자들이 소외되지 않고 줌에서 골고루 참여할 수 있도록 한다.

4 연극 놀이

신전으로의 여행

1) 준비물

음악(〈신과 함께〉 오프닝 음악[2]), 편안한 복장, 안대, 빔프로젝트(신들의 사진)

〈신과 함께〉
오프닝 음악

출처: 픽사베이.

 준비물 예시

2) 적용 유형

개인, 집단

3) 목표

• 타인에게 지지와 배려를 경험한다.

---

2) 〈신과 함께〉 오프닝 음악. https://www.youtube.com/watch?v=5AZD3BAkNO0

• 긍정적인 메시지를 생각하며 자기표현과 성취감을 경험한다.

• 신뢰를 경험한다.

4) 작업 과정

① 벽에 그리스 로마 신전 사진을 프로젝터로 떠워 놓거나 그림(사진)으로 붙여 놓는다.

② 그리스 로마 신들과 그 신들의 특징에 대해 탐색한다.

③ 그리스 로마 신 중에 자신이 원하는 신을 선택한다.

④ 둘씩 짝을 지어 두 명 중 한 명은 눈을 감고, 다른 한 명은 안내자가 되어 그리스 로마 신전 사진 앞으로 안내한다.

⑤ 안내 후 그리스 로마 신전 사진 앞에서 안내자는 조각가가 되고 다른 한 명은 자신이 원하는 신의 형상으로 조각해 달라고 말한다(예: 신이 의자에 앉아 팔을 들고 있는 모습 등).

⑥ 조각상이 된 신은 인간 세상에 긍정적인 메시지를 전한다(예: '환경을 보존하라' 등).

⑦ 역할을 바꾸어서 활동한다.

⑧ 오늘의 활동에 대한 느낌을 나눈다.

작업 과정 예시

5) 적용 및 수정

- 그리스 로마 신만이 아니라 문화에 따라 배경은 변형할 수 있다(예: 경복궁 근정전, 우리나라 역대 왕 등).
- 신의 역할을 다양하게 찾아본 후(예: 전령의 신, 사랑의 신, 전쟁의 신 등), 집단의 경우 집단원 중에 신의 역할을 할 사람을 한 명 정하고 모두 함께 조각상을 꾸미는 활동으로 확장할 수 있다.
- 비대면 상담의 경우, 줌에서 화이트보드에 각자 자신이 생각하는 신을 그림으로 그리고 인간 세상의 메시지를 적은 후 이야기를 나눈다.

5 동작 놀이
나도야 간다~

1) 준비물

음악(자연의 소리[3] [4]), 빔프로젝터, 어류, 양서류, 포유류 인간 등 다양한 생물의 이미지 및 배경

〈개구리춤〉 음악

코엑스 아쿠아리움 음악

출처: 픽사베이.

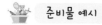

준비물 예시

2) 적용 유형

개인, 집단

3) 목표

• 생물 종(種)의 움직임에 대한 상상력을 촉진한다.

---

3) 〈개구리 춤〉 음악. https://www.youtube.com/watch?v=Oh8dNBoJLG0
4) 코엑스 아쿠아리움 음악. https://www.youtube.com/watch?v=6xF1v24AmtQ

• 생물 종(種)의 형태를 만들면서 몸의 속도 조절을 경험한다.

4) 작업 과정

① 빔 프로젝터나 그림으로 어류, 양서류, 포유류, 인간을 순서대로 보여 주며 각 생물 종(種)에 대한 동작을 몸으로 표현해 본다.

　예) 어류: 신체와 손을 이용하여 유연하게 움직이기

　　　양서류: 개구리가 움츠렸다가 온몸을 펼친 채로 뛰며 움직이기

　　　포유류: 팔다리를 움직이기

　　　인간: 걸으며 움직이기

② 상담자의 지시에 따라 자유롭게 몸 동작을 한다(예: '양서류 동작' '포유류 동작' 등).

③ 둘씩 짝 지어 움직임을 하다가 상담자는 "그대로 멈춰라."라고 한 후 사진을 찍어 준다. 짝과 번갈아 가며 사진을 찍는다.

④ 다양한 생물 종(種)의 움직임을 경험하도록 분위기를 조성한다.

⑤ 오늘의 활동에 대한 느낌을 나눈다.

작업 과정 예시

5) 적용 및 수정

- 비대면 상담의 경우, 줌에서 움직임을 하다가 상담자가 "그대로 멈춰라."라고 한 후 상담자가 개별 또는 전체 사진을 찍고 청소년이 함께 사진의 움직임을 보면서 이야기를 나눈다.

적용 및 수정 예시

16

표출 단계

1 미술 놀이

 ## 내 마음대로 되어라!

1) 준비물

하드보드지(12cm × 12cm) 1장, 크레파스, 아크릴 물감, 붓, 일회용 포크

준비물 예시

2) 적용 유형

개인, 집단

3) 목표

• 나의 욕구를 자발적으로 표현한다.

• 내적 갈등에 대한 자기 인식을 할 수 있다.

4) 작업 과정

① 하드보드지 한 장에 크레파스로 자신이 버리고 싶은 습관과 생각을 단어로 적는다.

② ①의 하드보드지 위에 여러 가지 색의 크레파스로 그림이나 글자가 보이지 않도록
   진하게 바탕을 칠한다(예: 스크래치 기법).

③ ②의 하드보드지 위에 아크릴 물감으로 바탕을 칠한다(물감 사용 시 물은 사용하지 않
   는다).

④ 덧칠한 아크릴 물감이 마르기 전에 포크로 여러 가지 문양으로 긁어서 표현한다.

⑤ 자신이 만든 작품에 제목을 정하고 '내 마음 가는 대로' 했을 때의 경험을 나눈다.

⑥ 오늘의 활동에 대한 느낌을 나눈다.

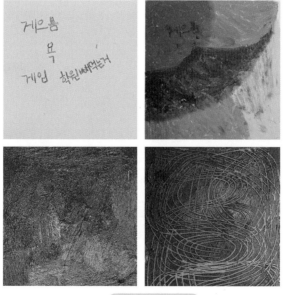

작업 과정 예시

5) 적용 및 수정

- 스크래치를 할 때 포크 외에 나무젓가락으로 낙서를 하는 등 추상적인 표현도 가능하다.
- 집단인 경우, 작품을 모두 모아 그림을 연결하여 전체 제목을 정하고 그림에 대한 느낌을 나눈다.

2 음악 놀이
기쁨과 화남

1) 준비물

실로폰, 탬버린, 캐스터네츠, 심벌즈 등 소리 나는 여러 가지 악기, 메모지, 펜

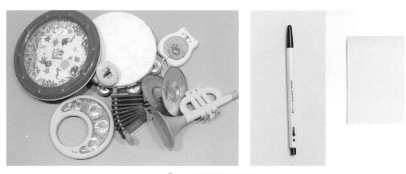

준비물 예시

2) 적용 유형

개인, 집단

3) 목표

- 양가감정의 차이를 인식할 수 있다.
- 내면의 갈등 상황을 표출하여 자발적인 자기만족의 경험을 가능하게 한다.
- 정서를 직면하고 감정을 조절할 수 있다.

4) 작업 과정

① 메모지에 '기쁨'을 생각하며 나와 연관되는 기억을 떠올리며 단어를 적어 본다(예:
놀이공원에 갔던 경험, 시험을 잘 봤을 때 등).

② 여러 가지 악기로 하나씩 소리를 내 보고, 어떤 악기가 자신의 기쁜 감정을 표현하는지 탐색한 다음에 악기 한 개를 선택한다(예: 북, 실로폰 등).

③ 선택한 악기로 감정을 표현할 때 기쁜 감정의 악기를 강약을 조절하며 소리 낸다.

④ 메모지에 '화'를 생각하며 나와 연관되는 기억을 떠올리며 단어를 적어 본다(예: 친구가 자신을 무시할 때, 엄마가 잔소리를 할 때 등).

⑤ 여러 가지 악기를 하나씩 소리를 내 보고, 어떤 악기가 자신이 화난 감정을 표현하는지를 탐색한 다음에 악기 한 개를 선택한다(예: 탬버린, 캐스터네츠 등).

⑥ 메모지에 자신이 선택한 악기와 연주에 대한 생각과 느낌을 적고 이야기한다.

⑦ 오늘의 활동에 대한 느낌을 나눈다.

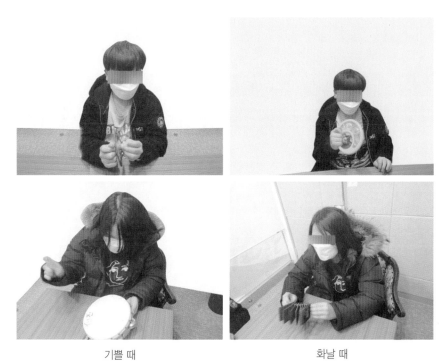

기쁠 때　　　　　　　　　　화날 때

작업 과정 예시

5) 적용 및 수정

- 집단상담의 경우, 선택한 악기로 기쁨 팀과 화남 팀으로 나누어 상담자의 지시에 따라 악기를 연주할 수 있다.
- 리듬이나 노래에 맞추며 연주하거나 소리를 낼 수 있다(예: 아~~~라고 소리 지르기, 꿍따리샤바라 빠빠빠~).
- 상담자는 분위기를 고조시키기 위해 청소년들에게 신나는 음악을 들려 줄 수 있다.

3 문학 놀이

이미지 이야기

1) 준비물

딕싯카드, 색상지, 필기도구

준비물 예시

2) 적용 유형

개인, 집단

3) 목표

• 자신의 욕구에 대해 인식할 수 있다.

• 현실에 영향이 미치는 상황을 인식할 수 있다.

• 과거, 현재를 알고 미래를 설계할 수 있다.

4) 작업 과정

① 딕싯카드에서 유아기, 유년기, 아동기, 현재, 미래를 인식할 수 있는 카드를 한 장씩
고른다.

② 고른 딕싯카드에 대해 왜 이 카드를 고르게 되었는지 유아기부터 미래까지 순서대로 자신의 이야기를 한다.

③ 자신의 이야기를 동화로 꾸며 본다(예: 옛날 옛날에~).

④ 자신의 이야기 중 가장 말하기 힘들었던 부분에 대해 나눈다.

⑤ 오늘의 활동에 대한 느낌을 나눈다.

작업 과정 예시

5) 적용 및 수정

• 자신의 이야기를 그림책으로 만들 수 있다.

• 딕싯카드를 복사하여 이어 붙이기를 하여 그림책으로 만들 수도 있다.

4 연극 놀이

에덴동산

1) 준비물

음악(자연의 소리[1] [2]), 빔프로젝트, 어류, 파충류, 포유류 이미지 및 배경

〈개구리춤〉
음악

코엑스 아쿠아리움
음악

출처: 픽사베이.

 준비물 예시

2) 적용 유형

개인, 집단

---

1) 〈개구리 춤〉 음악. https://www.youtube.com/watch?v=Oh8dNBoJLG0
2) 코엑스 아쿠아리움 음악. https://www.youtube.com/watch?v=6xF1v24AmtQ

3) 목표

- 생물의 종(種)을 생각하며 상상력을 촉진한다.
- 지블리쉬(gblish)[3]와 몸을 표현하는 보디랭귀지(body language)[4]를 통해 자유로움을 경험한다.
- 생물의 종(種)의 움직임에 대한 관찰력과 집단원들의 사회성을 향상한다.

4) 작업 과정

① 청소년 집단을 어류, 파충류, 포유류로 나누고 자신이 원하는 집단을 선택하도록 한다.

② 집단별로 음악 소리에 맞추어 어류의 움직임, 파충류의 움직임, 포유류의 움직임으로 표현한다.

③ 각 종(種)의 집단별로 알아들을 수 없는 언어인 어류 언어, 파충류 언어, 포유류 언어로 표현해 보며 같은 종(種)끼리 지블리쉬와 보디랭귀지로 대화한다.

④ 청소년 집단원이 모두 모여 자신이 맡았던 언어와 역할에 대한 이야기를 나눈다.

⑤ 어류, 파충류, 포유류가 어우러져 춤을 추게 한 후 상담자가 "3, 2, 1 Go~!"라고 구호를 외치면, 팀별로 조각상을 만든다. 이를 여러 차례 반복한다.

⑥ 오늘의 활동에 대한 느낌을 나눈다.

---

3) 지블리쉬: 의미없는 말, 외계어
4) 보디랭귀지: 몸으로 표현하는 몸짓 언어

작업 과정 예시

5) 적용 및 수정

• 대본을 만들어 역할극을 해 볼 수 있다.

• 지블리쉬 대신 우주인 로봇 AI 같은 소리로 언어를 나누고 움직임을 해도 좋다.

5 동작 놀이

춤추는 조각상

1) 준비물

음악(〈헝가리 무곡〉[5]), 편안한 복장

 〈헝가리 무곡〉 음악

출처: 픽사베이.

 준비물 예시

2) 적용 유형

개인, 집단

3) 목표

- 자기표현을 통해 자신감을 가진다.
- 상호작용을 통해 순발력과 공간감을 인지한다.
- 집단원들과 협동심을 키운다.

4) 작업 과정

① 둘씩 짝 지어 한 명은 조각가, 다른 한 명은 조각상이 된다.

---

5) 〈헝가리 무곡〉 음악. https://www.youtube.com/watch?v=MaA0bfvLPk0

② 조각가가 원하는 형상으로 조각한다.

③ 음악을 틀어 주고 조각가가 완성된 조각상을 건드리면 조각상은 음악에 맞추어 움직임을 한다.

④ 움직임을 한 후 조각상끼리 모여 한 조각상(A)이 움직이면 다른 조각상(B, C, D)이 신체고리를 만들어 한 명씩 연결한다.

⑤ 조각상이 연결된 상태에서 ④와 반대로 한 조각상(A)이 움직이면 다른 조각상(B, C, D)이 신체고리 연결을 한 명씩 풀면서 움직임을 한다.

⑥ 역할을 바꾸어 ③~⑤의 활동을 한다.

⑦ 전체 팀의 움직임이 끝나면 팀별로 주제를 정하거나 자유롭게 즉흥 움직임을 발표한다.

⑧ 오늘의 활동에 대한 느낌을 나눈다.

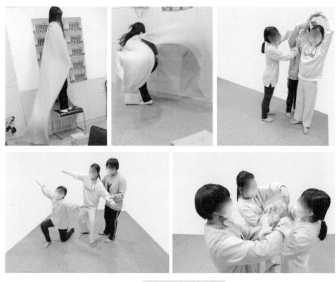

작업 과정 예시

5) 적용 및 수정

• 춤추는 조각상 배경을 학교, 집 신전 등으로 설정할 수 있다.

17

통합 단계

1	미술 놀이

어벤저스 Show!

1) 준비물

음악(〈마블〉 노래 모음[1]), 상자, 얼굴 가면, 파스넷, 투명 박스 테이프(넓이 8cm), 잡지책, 커터칼, 유성 매직 등

〈마블〉
노래 모음

 준비물 예시

2) 적용 유형

개인, 집단

---

1) 〈마블〉 노래 모음. https://www.youtube.com/watch?v=pm8ml0OrnHk

3) 목표

- 내면에 있는 자신의 긍정적인 힘을 표현한다.
- 인지적 · 정서적 · 신체적인 통합을 통해 에너지를 모은다.
- 자신의 욕구와 바람을 탐색하면서 객관적인 시선으로 자신을 바라볼 수 있다.

4) 작업 과정

① 얼굴 가면 위에 파스넷으로 그림을 그리거나 색칠하여 어벤져스 캐릭터로 꾸민다.

② 얼굴 가면의 캐릭터에 맞는 구호를 정한다(예: '어셈블~, 모이자, 이기자, 아자아자!').

③ 몸통은 빈 상자를 이용하여 겉면에 구호를 쓰고 나머지 부분은 자유롭게 자신의 긍정적인 힘을 나타내도록 잡지에서 사진을 오리고 붙여 꾸민다.

④ 자신이 만든 얼굴 가면을 얼굴에 쓰고 몸통 상자는 몸에 입는다.

⑤ 개인상담의 경우, 어벤져스 OST를 들으며 자신이 정한 구호를 외치고 상담자는 사진 및 동영상을 찍는다.

⑥ 집단상담의 경우, 어벤져스 OST를 들으며 집단원은 두 줄로 마주보고 서서 한 명씩 런웨이(runway)하며 자신이 정한 구호를 외친다.

⑦ 이때 집단원은 런웨이하는 집단원에게 하이파이브를 해 준다(집단원 모두 돌아가면서 퍼포먼스를 진행한다).

⑧ 오늘의 활동에 대한 느낌을 나눈다.

작업 과정 예시

5) 적용 및 수정

- 상담자는 런웨이를 진행하는 동안 사진 및 동영상을 찍고 집단원과 함께 감상하는 시간을 가질 수 있다.
- 음악은 처음부터 조용한 소리로 들려주다가 런웨이를 진행하는 동안 소리를 크게 높여 분위기를 고조시킬 수 있다.

2 음악 놀이

어벤저스 오케스트라

1) 준비물

음악(〈마블〉 노래 모음[2]), 타악기, 바이올린 등의 악기

〈마블〉
노래 모음

출처: 픽사베이.

 준비물 예시

2) 적용 유형

집단

3) 목표

- 집단원들과 친밀감 및 사회성을 향상한다.
- 다양한 악기 활동을 통해 자신이 가지고 있는 힘을 끌어올린다.
- 집단과 함께 협동을 통해 집단 응집력을 키운다.

---

2) 마블 노래 모음. https://youtu.be/pm8ml0OrnHk

4) 작업 과정

① 여러 가지 악기를 전시해 놓는다.

② 청소년 자신이 연주할 악기를 선택한다.

③ 어벤저스 음악(OST)을 들려준다.

④ 음악에 맞추어 선택한 악기로 마음대로 연주한다.

⑤ 연주 후 다른 집단원과 서로 악기를 바꾸어 연주한다.

⑥ 집단원 중에 지휘자를 선발한다.

⑦ 지휘자의 지휘 아래 다 함께 연주한다.

⑧ 오늘의 활동에 대한 느낌을 나눈다.

작업 과정 예시

5) 적용 및 수정

• 개인상담의 경우, 자신이 원하는 악기를 선택하고 상담자와 함께 연주할 수 있다.

• 악기를 연주할 때 어벤저스 영화를 보면서 연주할 수 있다.

• 지휘자는 집단원들이 돌아가면서 할 수 있다.

3 문학 놀이

웹툰 책 만들기

1) 준비물

A4 용지, 8절 색도화지, 8절 도화지, 색연필, 가위, 필기도구

 준비물 예시

2) 적용 유형

개인, 집단

3) 목표

- 웹툰 스토리 만들기를 통해 자신의 이야기를 재구성한다.
- 자신을 객관화하는 작업을 통해 통찰할 수 있다.
- 다른 집단원의 이야기를 들으며 보편성을 경험할 수 있다.

4) 작업 과정

① 웹툰 이야기를 설정하기 위해 A4 용지에 시놉시스를 구상하여 스케치한다(예: 창작으로 해도 좋고, 생각나는 웹툰을 주제로 해도 좋다).

② 색도화지로 '6쪽 책 접기'로 시나리오를 작성하여 종이책을 만든다.

③ 청소년 자신이 만든 웹툰 이야기를 발표한다.

④ 긍정적인 피드백을 공유한다.

⑤ 오늘의 활동에 대한 느낌을 나눈다.

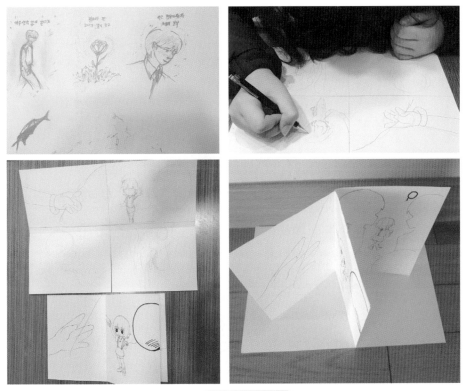

작업 과정 예시

5) 적용 및 수정

• 청소년 개인의 이야기를 웹툰으로 만들 수 있다.

4 연극 놀이

올림픽 비정상 회담

1) 준비물

A4 용지, 4절 도화지, 지름 30cm 크기의 원 5장, 종이 눈꽃, 생일 폭죽, 크레파스, 색연필, 가위, 펜 등

준비물 예시

2) 적용 유형

집단

3) 목표

• 오대륙의 특성을 이해함으로써 사고를 확장할 수 있다.

• 자신의 생각을 이야기함으로써 자신감을 증진한다.

• 타인의 이야기를 경청하고 집단 응집력을 증진한다.

4) 작업 과정

① 청소년 집단원은 아시아, 유럽, 아프리카, 오세아니아, 아메리카 대륙 중 하나를 선

택한다.

② 청소년 집단원은 선택한 대륙의 특징을 찾아 비정상회담에서 발표할 자료를 만든다
(예: 지름 30cm 정도의 원 5장에 각 대륙의 특징을 꾸미거나 글로 쓴다).

③ 청소년 집단원 중 사회자를 선발하여 비정상 회담을 진행한다.

④ 상담자는 각 대륙의 대표를 지정하고 집단원은 발표하는 사람에게 질문을 할 수 있
도록 한다(예: '그 대륙에서 가장 어려운 점은 무엇인가?' '당신이 그 대륙에서 특별히 변화시
키고 싶은 것은 무엇인가?' '자신이 정상으로 있는 대륙의 특성과 자신의 특성 중에서 닮은 것
은 무엇인가?').

⑤ 각 대륙을 발표 후 발표팀에게 종이 눈꽃을 뿌리거나 폭죽을 터뜨려 준다.

⑥ 오늘의 활동에 대한 느낌을 나눈다.

작업 과정 예시

5) 적용 및 수정

• 비정상 회담 후 다섯 개의 원을 통합하여 크게 꾸밀 수 있다.

• 각 대륙을 대표(정상)한다는 의미를 담은 명찰을 꾸밀 수 있다.

• 비대면 상담의 경우, 줌의 소회의실 안에서 대륙의 특징을 찾아 화이트보드에 글로 적거나 그림으로 꾸며서 이야기 나누고 소회의실을 나와 각자 꾸민 것을 화이트보드에 모아 놓고 나눔을 할 수 있다.

• 각 대륙 외에 각자 관심을 갖고 선정한 나라의 특성을 찾아 비정상 회담을 진행할 수 있다.

5 동작 놀이

September Dance 만들기

1) 준비물

음악[〈September〉(Maurice White, Albert McKay, Allee Willis)[3]], 편안한 복장

〈September〉음악

출처: 픽사베이.

 준비물 예시

2) 적용 유형

개인, 집단

3) 목표

• 동작을 통해 신체의 자유로움을 경험한다.

• 협동 동작을 통해 집단 내 소속감과 응집력을 키운다.

• 동작을 통해 인지적 · 정서적 · 신체적 통합을 이룬다.

---

3) 〈September〉음악. https://www.youtube.com/watch?v=nwFn8RfVFbg

4) 작업 과정

① 〈September〉 음악을 들으면서 몸에 힘을 빼고 크게 호흡하며 손을 흔들거나 다리를 마음대로 움직여 본다.

② 음악에 맞추어 자신만의 동작으로 만들어 본다(이때 소극적인 집단원을 위해 한 가지 동작으로 만들게 해도 좋다).

③ 청소년 집단원이 다 같이 동그란 원형으로 모여 음악에 맞추어 움직여 본다.

④ 집단원이 동그란 원형으로 모여 음악에 맞추어 동작을 하며 한 명씩 원 안으로 들어가서 자유롭게 움직임을 한다.

⑤ 이때 집단원이 모두 원 안에 있는 집단원의 움직임을 따라 한다.

⑥ 오늘의 활동에 대한 느낌을 나눈다.

작업 과정 예시

5) 적용 및 수정

• 사진 및 비디오를 촬영하여 UCC를 만들어도 좋다.

18

종결 단계

1 미술 놀이

메타버스/게더타운 만들기

1) 준비물

노트북 혹은 태블릿, 게더타운[1]

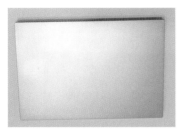

준비물 예시

2) 적용 유형

개인, 집단

---

1) www.gather.town

3) 목표

• 가상 공간 안에서 집단 응집력을 경험할 수 있다.
• 메타버스(metaverse)/게더타운(gether town) 활동으로 심리적인 확장을 경험할 수 있다.

4) 작업 과정

① 메타버스/게더타운을 어떻게 만들지 이야기를 나눈다(예: 나만의 도시, 나의 직업, 나의 노래 등)
② 상담자는 미리 게더타운을 익히고 청소년에게 회원가입을 안내한다.
③ 게더타운 안에서 주제에 맞는 공간을 선택한다.
④ 게더타운 공간 안으로 청소년이 들어오도록 주소를 안내한다.
⑤ 주제에 맞추어 게더타운에 들어가서 자유롭게 공간을 꾸민다.
⑥ 다 꾸며진 게더타운 안에서 상담자와 청소년이 서로 대화할 수 있고 이동할 수 있다.
⑦ 자신의 게더타운을 사진으로 남긴다.
⑧ 오늘의 활동에 대한 느낌을 나눈다.

작업 과정 예시

5) 적용 및 수정

- 청소년 집단상담의 경우, 게더타운 방에 접속하여 꾸민 가상 공간을 종결 후에도 지속적으로 접속하여 한 공동체로서 소속감을 가질 수 있다.
- 팀별로 게더타운 방을 나누어 주제에 맞추어 완성할 수 있다.
- 종결 시에 모두 한 공간에 모여 종결 파티로 활용할 수 있다.

2 음악 놀이

비전 곡 만들기

1) 준비물

〈말하는 대로〉(이적, 유재석/이적) 음악[2], 작곡 프로그램 어플[마에스트로(작곡가 어플)], A4 용지, 필기도구, 유성 매직

〈말하는 대로〉
노래

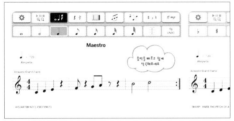

출처: 마에스트로 작곡가 어플

 준비물 예시

말하는 대로

나 스무살 적에 하루를 견디고
불안한 잠자리에 누울 때면
내일 뭐하지 내일 뭐하지 걱정을 했지
두 눈을 감아도 통 잠은 안 오고
가슴은 아프도록 답답할 때
난 왜 안 되지 왜 난 안 되지 되뇌었지
말하는 대로 말하는 대로

---

2) 〈말하는 대로〉 노래. https://www.youtube.com/watch?v=N77IUZvYoVY

> 될 수 있다곤 믿지 않았지
>
> 믿을 수 없었지
>
> 마음먹은 대로 생각한 대로
>
> 할 수 있단 건 거짓말 같았지
>
> 고개를 저었지
>
> (……)

출처: 처진 달팽이(유재석, 이적)(2011).

2) 적용 유형

개인, 집단

3) 목표

- 상담 과정을 음악으로 완성하여 상담의 변화 과정을 통찰해 본다.
- 노래로 자신의 미래를 계획하며 종결을 준비한다.

4) 작업 과정

① 〈말하는 대로〉(처진 달팽이) 음악을 들려준다.

② 〈말하는 대로〉 음악에 맞추어 자신의 미래에 대한 희망적인 가사 내용을 적어 본다.

③ 개사한 곡을 불러 보고 녹음한다.

④ 오늘의 활동에 대한 느낌을 나눈다.

작업 과정 예시

5) 적용 및 수정

• 스마트폰 작곡 프로그램에 개사된 가사, 음과 리듬을 넣어 자신이 직접 작곡할 수 있다.

• 지정된 곡 외에 자신이 좋아하는 음악을 개사하여 노래를 만들 수 있다.

3 문학 놀이
나도 철학자

1) 준비물

『아름다운 가치 사전』(채인선 글, 김은정 그림, 한울림 어린이 출판사) 동화책, 8절 도화지, 채색 도구, 가위, 8절 색도화지(단어 카드 만들기), 펜, 지우개, 연필 등

준비물 예시

2) 적용 유형

개인, 집단

3) 목표

• 자신을 객관화하는 작업을 통해 통찰할 수 있다.
• 다른 집단원의 이야기를 들으며 보편성을 경험할 수 있다.
• 상담 과정에서 자신의 가치를 찾아볼 수 있다.

4) 작업 과정

① 『아름다운 가치 사전』 책에 있는 감사, 겸손, 공평, 관용, 믿음, 배려, 사랑, 성실, 신

    중, 약속 등에 대한 개념을 이해한다.

② 자신이 원하는 가치단어를 여러 개 선택한다.

③ 색 도화지를 명함 크기로 자른 후 가치를 적은 단어 카드를 여러 개 만든다.

④ 가치단어 카드에 이미지를 그린다.

⑤ 8절 도화지를 접어 책을 만든 후 가치단어 카드를 붙인다.

⑥ 책의 앞표지도 그림이나 글로 꾸민다.

⑦ 청소년이 만든 가치 카드로 만든 책의 내용을 이야기한다.

⑧ 오늘의 활동에 대한 느낌을 나눈다.

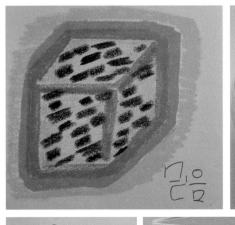

작업 과정 예시

5) 적용 및 수정

- 집단상담의 경우, 각자 만든 가치단어 카드를 모아 한 권의 책으로 엮을 수 있다.
- 집단상담의 경우, 집단원이 서로 자신만의 가치단어 카드를 친구에게 한 장씩 나누어 주고 이 가치단어 카드의 소중함을 이야기할 수 있다.

4 연극 놀이
웹툰 주인공 되기

1) 준비물

주인공을 꾸밀 수 있는 다양한 도구(의류, 보자기, 리본 등), 색지, 필기도구

준비물 예시

2) 적용 유형

개인, 집단

3) 목표

• 자신의 생각을 이야기함으로써 자신감을 증진한다.

• 내 인생의 주인공은 바로 '나'임을 경험할 수 있다.

• 조율을 통해 의사소통 방법을 이해한다.

4) 작업 과정

① 자신이 좋아하는 웹툰을 소개한다.

② 웹툰에 등장하는 인물 중 한 명을 '나의 캐릭터'로 선정하고 그 인물을 색지에 적는다.

③ 색지에 적은 '나의 캐릭터'에 대해 설명한다.

④ 주인공이 많이 쓰는 대사를 색지에 3개 이상 적는다.

⑤ 웹툰에서 나오는 주인공의 상대역을 정한다.

⑥ 상대역이 많이 쓰는 대사를 색지에 3개 이상 적는다.

⑦ 상담자와 함께 '나의 캐릭터'와 '상대역'을 정해서 각각 많이 쓰는 대사를 사용하여 대본을 만들어 역할극을 한다(이때 긍정적인 대사를 찾아서 활동한다).

⑧ 오늘의 활동에 대한 느낌을 나눈다.

작업 과정 예시

5) 적용 및 수정

• 캠페인이 될 수 있는 주제를 선정하여 웹툰을 만든다면 연극활동 무대를 지역 사회로 넓히거나 UCC로 찍어서 홍보할 수 있다.

• 비대면 상담의 경우, 줌에서 웹툰 영상을 함께 본 다음 한 캐릭터를 정하고 자신이 원하는 대사를 영화 속의 캐릭터처럼 흉내 내며 말해 볼 수 있다.

5 동작 놀이
되돌아보고 나아가기

1) 준비물

음악(〈부기우기〉[3]), 편안한 복장

〈부기우기〉음악

출처: 픽사베이.

 준비물 예시

2) 적용 유형

개인, 집단

3) 목표

- 상담 초기, 중기, 종결 단계마다 신체동작을 만들어 변화 과정을 인식한다.
- 협동 동작을 통해 집단 소속감과 응집력을 키운다.
- 동작을 통해 인지적 · 정서적 · 신체적 통합을 이룬다.

---

3) 〈부기우기〉음악. https://www.youtube.com/watch?v=e1RgwJPzOe8

4) 작업 과정

① 상담자는 상담의 초기부터 종결까지의 과정을 청소년에게 이야기해 준다.

② 상담 초기부터 종결까지의 동작을 생각하며 각 단계별로 움직임을 해 본다.

   (예: 초기-웅크린 모습, 중기-손이나 발로 허공을 가르는 모습, 종결-나무처럼 온몸을 펴서 쫙 펼치는 모습)

③ 〈부기우기〉 음악을 들으면서 몸을 이완시킨다.

④ 음악에 맞추어 ②의 동작을 한다.

⑤ 그동안 상담을 했던 기억을 떠올리며 전체 상담에 대한 회상 움직임을 한다.

⑥ 집단원 전체가 음악에 맞추어 동작을 한다.

⑦ 오늘의 활동에 대한 느낌을 나눈다.

초기   중기

종결

 작업 과정 예시

5) 적용 및 수정

- 사진 및 비디오를 촬영하여 UCC를 만들어도 좋다.
- 음악에 맞추어 자유롭게 움직일 수 있고, 영상에 나오는 동작을 그대로 따라 할 수도 있다.

$\underline{19}$
라포 단계

---

1 미술 놀이

내 마음을 알아맞혀 봐~

---

1) 준비물

8절 도화지, 크레파스 외 다양한 그리기 도구

 준비물 예시

2) 적용 유형

집단, 가족

3) 목표

- 자기 자신의 기분 상태를 그림으로 표현하여 공감대와 라포를 형성한다.
- 자신의 기분을 그림으로 그려 봄으로써 자기표현력을 증진한다.

4) 작업 과정

① 최근에 느껴 본 감정 중 가장 강렬했던 감정을 생각해 본다. 그리고 그 기분과 어울리는 날씨를 그림으로 그린다.

② 한 사람씩 완성된 그림을 집단원에게 보여 주고, 집단원은 그림을 보고 발표자의 감정을 알아맞힌다.

③ 집단원 중에 발표자와 같은 감정을 최근에 경험해 본 적이 있다면 발표자와 하이파이브를 한다.

④ 오늘의 활동에 대한 느낌을 나눈다.

작업 과정 예시

5) 적용 및 수정

- 회기 도입부에서 웜업 작업으로 활용한다면 되도록 그리기 작업을 간단히 할 수 있도록 가이드해야 한다.
- 이 활동은 비대면 집단 프로그램으로도 활용이 가능하다.

2   음악 놀이

고양이와 쥐

1) 준비물

캐스터네츠 또는 탬버린, 집단원 인원 수만큼의 뽑기 용지

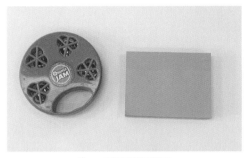

준비물 예시

2) 적용 유형

집단

3) 목표

- 움직임과 음악을 활용한 놀이를 체험함으로써 친밀감을 증진한다.
- 놀이를 통해 심리적 이완을 할 수 있다.

4) 작업 과정

① 집단원 인원 수만큼 준비된 뽑기 용지 중 한 장에 '고양이'라고 적고, 다른 한 장에는 '쥐'라고 적는다.

② 뽑기 용지를 잘 접어서 섞은 후 한 장씩 뽑는다.

③ '고양이'라고 적힌 용지를 뽑은 사람은 술래가 된다. 술래는 벽에 붙어서 눈을 감고
  큰 소리로 1부터 10까지 센다.

④ 술래가 눈을 감고 숫자를 세기 시작하면, '쥐'를 뽑은 사람이 다른 집단원에게 뽑기
  용지를 보여 주어 쥐가 누구인지 알게 한다.

⑤ 술래를 제외한 모든 집단원은 공간 내에서 마음에 드는 곳으로 빠르게 이동한다.

⑥ 10까지 센 술래는 '쥐'를 찾는다. 이때 집단원은 술래가 쥐에게 가까워지면 악기를
  큰 소리로 연주하고, 쥐에게서 멀어지면 작게 연주한다.

⑦ 술래는 악기 소리로 힌트를 얻어 '쥐'라고 생각되는 한 명을 지명하며, "잡았다."를
  외친다. 이때 '쥐'가 맞으면 "으악!"을 외치고, 아니면 "야옹."을 외친다. 그래서 술래
  는 '쥐'를 찾을 때까지 반복한다.

⑧ 오늘의 활동에 대한 느낌을 나눈다.

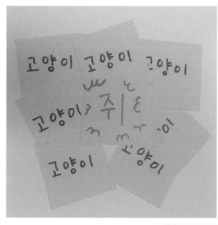

📖 작업 과정 예시

5) 적용 및 수정

• 악기를 상황에 맞게 크게 혹은 작게 연주해야 하기 때문에 조절력과 집중력에 대한
  이슈를 다루는 아동 집단에 활용해도 효과적일 수 있다.

• 이 활동은 최소 10인 이상의 집단에서 더욱 효과적이다.

3 음악 놀이

추억의 노래방

1) 준비물

A4 용지, 볼펜, 〈웃어요〉(오석준) 음악[1], 〈님과 함께〉(남국인/고향) 음악[2], 스피커

〈웃어요〉 음악

〈님과 함께〉 음악

 준비물 예시

2) 적용 유형

집단, 가족

3) 목표

• 집단원이 함께 의논하여 노래를 부름으로써, 협동심을 기르고 집단 응집력을 향상한다.
• 집단원이 함께 노래를 부름으로써 친밀감을 형성한다.

4) 작업 과정

① 상담자는 유리상자의 〈웃어요〉를 집단원에게 들려준다(음악을 들을 땐 가사를 종이에

---

1) 〈웃어요〉 음악. https://www.youtube.com/watch?v=nDOZVpJ4BOs
2) 〈님과 함께〉 음악. https://www.youtube.com/watch?v=qwwgIU8LfXA

쓰면 안 된다).

② 집단원은 노래를 한 번만 듣고, 함께 의논하여 원곡과 똑같이 가사와 박자에 맞게 노래를 부른다.

③ 상담자는 집단원이 정확히 맞출 수 있도록, '다시 한번 듣기' 또는 '2배속으로 듣기'와 같은 힌트를 제공하여 노래가 완성될 수 있도록 돕는다.

④ 오늘의 활동에 대한 느낌을 나눈다.

5) 적용 및 수정

- 같은 음악으로 '연주하며 노래 부르기' 또는 '가사토의' '개사하여 부르기'와 같은 활동으로 이어갈 수도 있다.

- 다른 음악을 선택할 때는, 집단원의 연령대와 취향을 고려하여 선곡하는 것이 좋다. 따라서 노인 대상에게 적용할 때는 남진의 '님과 함께' 음악을 활용할 수 있다. 다음 활동 자료를 참고하도록 한다.

연주하며 노래 부르기 방법

세상 사람들은 언제나 삶은 힘들다고 하지만
항상 힘든 것은 아니죠. 가끔 좋은 일도 있잖아요.

웃어요(탬버린). 웃어 봐요(탬버린). 모든 일(탬버린) 잊고서(탬버린)
웃어요(탬버린). 웃어 봐요(탬버린). 좋은 게(탬버린) 좋은 거죠(탬버린).

외롭다고 생각 말아요. 혼자 살다 혼자 가는 것
다시 돌아올 수 없는 것이 그게 바로 인생이에요.

웃어요(탬버린). 웃어봐요(탬버린). 모든 일(탬버린) 잊고서(탬버린)
웃어요(탬버린). 웃어봐요(탬버린). 좋은 게(탬버린) 좋은 거죠(탬버린).

(……)

출처: 유리상자(2000).

개사하여 부르기 예시

세상 사람들은 언제나 삶은 힘들다고 하지만
항상 힘든 것은 아니죠. 가끔 (　　　　　) 일도 있잖아요.

웃어요. 웃어 봐요. 모든 일 잊고서
웃어요. 웃어 봐요. 좋은 게 좋은 거죠.

(　　　　　) 생각 말아요. 혼자 살다 혼자 가는 것
다시 돌아올 수 없는 것이 그게 바로 인생이에요.

웃어요. 웃어 봐요. 모든 일 잊고서
웃어요. 웃어 봐요. 좋은 게 좋은 거죠.

(……)

연주하며 노래 부르기 방법

저 푸른 초원 위에(탬버린) (탬버린) (탬버린) (탬버린)
그림 같은 집을 짓고(탬버린) (탬버린) (탬버린) (탬버린)
사랑하는 우리 님과(탬버린) (탬버린) (탬버린) (탬버린)
한 백년 살고 싶어(탬버린) (탬버린) (탬버린) (탬버린).

(……)

출처: 남진(2005).

개사하여 부르기 예시

저 푸른 초원 위에
그림 같은 집을 짓고
(　　　　　　　　　)
한 백년 살고 싶어.

(……)

4 음악 놀이

신호등 놀이

1) 준비물

스피커, 음악[〈그대로 멈춰라〉(김방옥)[3]], 빨간색·노란색·초록색 시트지를 색깔마다 다양한 크기로 준비한다.

〈그대로 멈춰라〉 음악

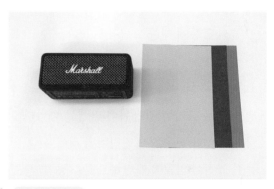

 준비물 예시

2) 적용 유형

집단

3) 목표

- 집단원이 즐거운 분위기로 활동함으로써 친밀감과 협동심을 형성하고 회기에 대한 흥미를 유발한다.
- 집단원 간의 신체 접촉을 통해 친밀감을 형성한다.

---

3) 〈그대로 멈춰라〉 음악. https://www.youtube.com/watch?v=3cRCsTMr98E

4) 작업 과정

① 상담자는 집단원이 모두 들어갈 수 있는 크기의 원을 바닥에 그리고, 다양한 크기의 빨간색, 노란색, 초록색 시트지를 원의 안쪽에 붙인다.

② 상담자는 음악(〈그대로 멈춰라〉)를 틀어 주고, 집단원은 원 안에서 자유롭게 움직인다.

③ 상담자가 한 가지 색깔을 외치면, 집단원은 해당 색깔 시트지 위로 올라간다. 이때 발바닥이 시트지 밖으로 나가지 않도록 주의한다. 만약 발바닥이 시트지 밖으로 나갔거나 상담자가 외친 색상이 아닌 곳에 서 있는 집단원은 원 밖으로 나가서 놀이가 진행될 때 나오는 〈그대로 멈춰라〉를 같이 불러 준다.

④ 오늘의 활동에 대한 느낌을 나눈다.

5) 적용 및 수정

• 원 밖으로 나가는 집단원이 발생할 때마다 바닥에 붙인 시트지의 숫자를 줄여 나간다면 놀이가 더욱 흥미진진해질 것이다.

• 놀이 규칙이 비교적 간단하므로 아동 및 청소년에게 적용해도 효과적이다.

5 문학 놀이
나를 찾아봐~

1) 준비물

A4 용지, 볼펜, 사탕

준비물 예시

2) 적용 유형

집단

3) 목표

- 놀이 형식으로 자기소개를 함으로써 집단원 간 긴장감을 해소하고 친밀감을 도모한다.
- 낯선 집단원에 대해 관심을 갖고 친밀감을 형성할 수 있도록 동기를 부여한다.

4) 작업 과정

① 각자 A4 용지에 자기를 소개하는 글을 적는다(예: 좋아하는 음식, 소설, 여행지 또는 이

름을 상징하는 별칭).

② 종이를 접어서 상자 뽑기 상자 안에 넣는다.

③ 집단원은 상자에서 종이를 뽑는다. 이때 자기가 작성한 용지를 뽑았다면, 다시 뽑는다.

④ 각자 뽑은 자기소개서 내용을 읽고, 상담자가 음악을 틀어 주면 자기소개서의 주인을 찾아가서 "당신이 ○○○이신가요?"라고 묻는다.

⑤ 자기소개서의 주인을 찾았다면, 그에게 사탕을 선물로 준다.

⑥ 오늘의 활동에 대한 느낌을 나눈다.

〈비대면 집단상담에 적용된 예시〉　〈비대면 집단상담에서 호스트가 받은 DM〉

송○경(DM): 자유로움
양○신(DM): 퍼스널브랜딩 뇌파 뇌교육
황○랑(DM): 열정
이○정(DM): 파란하늘과 함께하고 싶습니다.
김○숙(DM): 요즘 저는 김치를 싫어해요.
최○나(DM): 소용돌이
이○섭(DM): 불꽃섭

작업 과정 예시

5) 적용 및 수정

• 자기소개서의 주인을 찾을 때 집단원이 한꺼번에 움직이면 다소 분위기가 산만할 수 있으므로, 상담자가 인원 수를 정해서 움직이도록 조절해 주는 것도 좋다.

• 이 활동은 비대면 환경에서도 활용이 가능하다. 각자 자기를 소개하는 글을 호스트(상담자)에게 DM으로 보내 주고, 상담자가 받은 DM을 하나씩 읽어 주어 참여자들이 누구의 소개인지를 알아맞히는 게임으로 진행할 수도 있다.

6 문학 놀이

이름 삼행시

1) 준비물

A4 용지, 볼펜

준비물 예시

2) 적용 유형

집단

3) 목표

• 구조화된 활동을 통해 자연스럽게 자기소개를 할 수 있게 한다.

• 집단원들이 서로 친밀해지고 신뢰감을 형성할 수 있다.

• 자신의 이름에 대한 긍정적인 인식을 함양한다.

4) 작업 과정

① '나를 보여 줄게' 활동지에 제시된 질문에 대해 답을 적어 본다.

나를 보여 줄게

- 이름
- 프로그램 참여 목적 또는 기대
- 요즘의 나를 가장 잘 설명할 수 있는 키워드

② '나를 보여 줄게' 활동지에서 '요즘의 나를 가장 잘 설명할 수 있는 키워드'를 주제로
  하여 자기 이름이 들어가는 삼행시를 지어 본다.

아름답고 빛나는	김이 연하게 서린 창밖에 그대에게
밤하늘 윤이 나던	민트처럼 어느새 봄이 불어오네요
별들은 아마 당신	지금이라도 달려가 안아 주고 싶게
송곳이 밝힌 아픈 마음자리	윤빛이 발하던 밤하늘
지금 가능성을 하나씩 새기면	넌 혜성처럼 날 스치고
은하처럼 아름다운 별빛이 될 거야	떠나버린 아름다운 별

③ 한 명씩 자기가 지은 삼행시를 읽고 의미를 설명한다.
④ 오늘의 활동에 대한 느낌을 나눈다.

작업 과정 예시

5) 적용 및 수정

- 활동 시간이 충분하다면 이름으로 삼행시를 짓고 시화를 그려 보는 활동을 추가해도 좋다.
- 이 활동은 비대면 집단상담에서도 적용이 가능하다.

7 연극 놀이
목소리 통통

1) 준비물
없음

2) 적용 유형
집단

3) 목표
- 발성을 훈련을 통해 자신감과 표현력을 향상한다.
- 자기만의 '볼'을 몸으로 표현함으로써, 자기표현력을 증진한다.
- '목소리 통통' 활동에서 집단원끼리 서로 반응해 줌으로써 상호작용성을 촉진한다.

4) 작업 과정
① 집단원들은 동그랗게 모여 선다.

② 편안한 음악과 함께 간단한 스트레칭 동작을 한다.

③ 집단원 중에 한 명이 먼저 가장 낮은 음을 "아~." 하고 내 본다. 그리고 시계방향으로 한 명씩 점점 음을 높이면서 발성 연습을 한다(반시계 방향으로 다시 한번 진행한다).

④ 발성 연습에서 가장 편안하게 낼 수 있었던 음을 시계 방향으로 돌아가며 "아~." 하고 내 본다. 그리고 그 음이나 목소리 톤으로 자기 자신을 표현해 본다. 예를 들어, 오늘 나는 무겁고 가라앉은 느낌이라면 짐볼처럼 크고 무거운 '볼'을 상상할 수 있고, 반대로 기분이 가볍고 경쾌하다면 탁구공과 같은 작은 '볼'을 상상할 수 있다. 그리고 자기만의 '볼'을 신체를 이용하여 몸으로 표현한다.

⑤ 한 명씩 돌아가며 자기의 '볼'을 몸으로 표현하면 다른 집단원은 같은 동작을 따라
　해 본다.

⑥ 동작을 따라해 보는 활동이 끝나면, '공을 만들어 바닥에 던진다는 느낌'으로 자기가
　만든 '볼'의 느낌을 목소리와 몸 동작으로 한 명씩 돌아가며 표현해 본다.

⑦ 한 명씩 돌아가며 자기의 목소리 '볼'을 집단원 중 누군가에게 공 던지는 시늉을 하
　면서 전달한다. 목소리 '볼'을 받은 사람도 손으로 공을 받는 시늉을 하면서 받고, 다
　시 자기의 목소리 '볼'을 또 다른 집단원에게 전달한다.

자기만의 볼을 몸으로 표현

볼을 바닥으로 던지는 동작

작업 과정 예시

5) 적용 및 수정

• 노인 대상 프로그램일 경우 본 웝업 활동과 연계하여 합창이나 노래 부르기 활동을
　이어서 한다면 효과적이다. 노인에게 음악중심 표현예술 놀이치료는 우울감을 낮추
　고 현실적응력을 높이며 행복감을 증대하는 데 도움이 된다.

8 연극 놀이

칭찬 릴레이

1) 준비물
없음

2) 적용 유형
집단

3) 목표
- 서로 칭찬을 주고받으면서 친밀감과 신뢰감을 형성하고, 긍정적인 상호작용 능력을 향상한다.
- 칭찬을 통해 긍정적 자기 이미지를 형성한다.

4) 작업 과정
① 두 명씩 짝을 지어 마주 본다.
② 한 명이 먼저 상대방에 대한 칭찬을 한 가지 말한다. 그리고 칭찬을 받은 사람이 곧바로 상대를 칭찬한다.
③ 상대의 외적인 것부터 내적인 것까지 칭찬을 주고받으면서 더 이상 새로운 칭찬이 나오지 않을 때까지 이어 간다.
④ 오늘의 활동에 대한 느낌을 나눈다.

📖 작업 과정 예시

5) 적용 및 수정

- 집단원 간의 이해도가 있어야 가능한 활동이므로 집단 초기 단계도 좋으나 중기 단계 이후에 하는 것도 바람직할 수 있다.
- 비대면 집단상담에서도 적용이 가능하다.

9 연극 놀이

타임 슬립

1) 준비물

없음

2) 적용 유형

집단

3) 목표

- 과거의 자기 자신을 표현함으로써 자기 개방을 한다.
- 움직이는 활동을 통해 집단원 간의 친밀감을 형성한다.
- 과거에 유행했던 음악을 들으면서 추억을 회상하고 정서적으로 편안함을 느낀다.

4) 작업 과정

① 상담자가 음악을 틀고 집단원은 공간을 자유롭게 움직인다.

② 상담자가 "10년 전으로 갑니다~."라고 외치면, 각자는 10년 전의 자기 자신을 연기하면서 움직이기 시작한다.

③ 상담자가 "인사를 나누세요!"라고 외치면, 마주치는 집단원에게 10년 전의 자기소개를 하고 인사를 나눈다.

④ 상담자는 음악을 바꿔 틀고, 또다시 "다시 10년 전으로 갑니다~."라고 외치고 ③번을 반복한다.

⑤ 10년 주기로 음악을 바꾸면서 아동기까지 표현할 수 있도록 돕는다.

⑥ 오늘의 활동에 대한 느낌을 나눈다.

5) 적용 및 수정

- 이 활동은 상담 공간이나 집단원에 대한 안정감이 있어야 적극적인 표현이 가능하므로, 집단 초기보다는 중기 이후에 하는 것도 효과적이다.
- 상담자가 실제로 10년 전에 유행했던 음악을 틀어 준다면, 집단원들이 과거를 더욱 쉽게 회상하고 즐겁게 참여할 수 있다.

10 동작 놀이

날아라 풍선~

1) 준비물

다양한 색의 풍선(짝수로 준비)

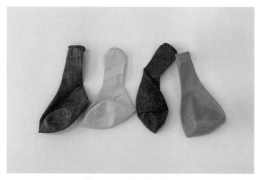

준비물 예시

2) 적용 유형

집단, 가족

3) 목표

• 동작 놀이를 통해 에너지를 활성화하여 적극적인 참여를 유도할 수 있다.

• 집단원 간의 친밀감을 형성한다.

4) 작업 과정

① 상담자는 집단원에게 풍선을 한 개씩 나눠 준다.

② 집단원은 각자 받은 풍선을 적당한 크기로 분다.

③ 집단원은 풍선을 들고 동그랗게 모여 앉는다.

④ 왼손에 풍선을 든다. 상담자가 한 가지 풍선 색깔을 외치면, 해당 색을 들고 있는 집단원은 풍선을 공중에 띄운다. 이때 모든 집단원은 협동하여 풍선이 바닥에 떨어지지 않도록 풍선을 오른손으로 계속 쳐 준다. 하지만 풍선이 바닥에 떨어지더라도 곧바로 풍선을 공중에 띄우고 활동을 계속해서 이어 갈 수 있다.

⑤ 처음엔 한 가지 색의 풍선으로 시작해서 점차 다른 색깔의 풍선들도 공중에 띄운다. 이때 동그랗게 앉아 있는 공간 안에서만 활동하는 것이 규칙이다.

⑥ 치료사가 "풍선을 잡으세요!"라고 외치면, 공중에 떠 있는 풍선을 하나 잡는다. 그리고 자기가 잡은 풍선의 색깔을 확인한다. 이 활동에서 그룹 작업을 해야 한다면, 같은 색깔의 풍선끼리 한 그룹이 될 수 있다.

⑦ 오늘의 활동에 대한 느낌을 나눈다.

5) 적용 및 수정

• 노인을 대상으로 적용할 때는 풍선을 입으로 부는 것이 힘들 수 있으므로 에어펌프를 준비하는 것이 좋다.

• 프로그램의 전개부(이 활동)에서 그룹 작업을 해야 하는 경우, 이 활동을 통해 자연스럽게 그룹을 나눌 수 있다.

20
탐색 단계

1 미술 놀이

편견 탈출

1) 준비물

100L 투명 봉투, 유성 매직, 하트 모양 포스트잇

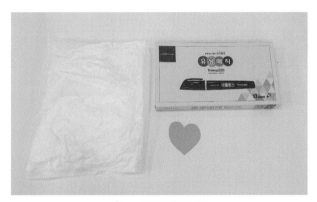

준비물 예시

2) 적용 유형

개인, 집단, 가족

3) 목표

- 부정적인 자기 이미지를 표현함으로써 내면에 쌓인 부정적인 감정을 해소하고, 긍정적인 자기상을 형성하기 위한 계기를 마련한다.
- 부정적인 감정을 표출하고 카타르시스를 경험한다.

4) 작업 과정

① 봉투 겉에 그동안 다른 사람들에게 들었던 부정적인 말을 세 가지 이상 쓰거나 그림을 그린다.

　예) "넌 너무 느려 터졌어!" "넌 너밖에 모르는 이기주의자야!"

② 그 말을 들었을 때 느꼈던 감정을 하트 모양 포스트잇에 쓰고 자기 몸에 붙인다.

③ 한 명씩 돌아가면서 작품을 발표한다.

④ 집단원은 다 같이 일어서서 각자 제작한 봉투에 머리와 몸을 넣는다.

⑤ 상담자는 봉투 안에서의 느낌이 어떤지 묻는다(대부분 "답답하다." "벗어나고 싶다."와 같은 대답을 한다). 그리고 다른 사람들이 나에 대해서 편견이나 선입견을 갖고 대할 때 지금 느껴지는 감정과 같은 느낌을 가졌을 것이라고 말해 준다.

⑥ 각자 지금 가장 하고 싶은 말을 생각하게 한 후, 큰 소리로 자기가 하고 싶은 말을 외치면서 봉투를 찢고 나온다.

하고 싶은 말 예시

"나는 느리지 않아. 신중한 사람이야."

"나는 나야!"

"나는 충분히 잘하고 있어."

---

⑦ ⑥을 경험하면서 느낀 감정을 담아 자기 몸에 붙은 포스트잇을 제거하고 오늘의 활동에 대한 느낌을 나눈다.

작업 과정 예시

5) 적용 및 수정

• 봉투 안으로 머리와 몸을 넣는 것에 대해 공포나 불안감을 느끼는 내담자가 있을 수 있다. 이럴 때는 봉투 안으로 다리와 몸만 넣고 공포나 불안감을 경험하게 할 수 있다.

2 음악 놀이
북치기! 박치기~

1) 준비물

비닐봉지, 플라스틱 용기, 북, 드럼 스틱 같은 타악기, A4 용지, 볼펜

준비물 예시

2) 적용 유형

개인, 집단, 가족

3) 목표

- 악기 연주를 통해 감정을 표출한다.
- 표출된 감정을 통해 개인의 이슈를 탐색한다.

4) 작업 과정

① 평소에 일상적으로 사용하는 도구나 타악기를 두드리며 격한 소리를 낸다.

② 도구나 악기를 두드리면서 어떤 감정이 느껴졌는지 이야기 나눈다.

③ 현재 느껴지는 감정이 과거의 어떤 경험과 연관이 있는지 떠올려 본다.

④ 그 경험을 회상한 상태에서 다시 한번 격한 소리를 연주하면서 나의 신체 반응이나 감정이 어떻게 반응하는지 느껴 본다. 이때 소리를 질러 보고 싶다거나 어떠한 말을 하면서 연주하고 싶다면 그렇게 해 봐도 좋다.

⑤ 현재 경험한 감정에서 어떠한 경험을 하였는지, 새롭게 떠오르는 생각 등을 종이에 그림이나 글로 표현한다.

⑥ 집단원이 돌아가며 작품 내용을 발표한다.

⑦ 오늘의 활동에 대한 느낌을 나눈다.

5) 적용 및 수정

• 가능하다면 자기 자신의 감정을 소리를 통해 시험해 볼 수 있도록 연주 시간을 충분히 주는 것이 탐색에 도움이 된다.

• 노인을 대상으로 할 경우, ⑤, ⑥의 작업 과정을 생략하고 연주 과정에서 경험한 감정과 생각을 발표하고 마무리해도 좋다.

3 문학 놀이

소중한 사람

1) 준비물

『친구에게』(김재진, 꿈꾸는 책방 출판사) 시, 8절 도화지, 그리기 도구

준비물 예시

친구에게

김재진

어느 날 네가 메마른 들꽃으로 피어
흔들리고 있다면
소리 없이 구르는 개울되어
네 곁에 흐르리라.

저물녘 들판에 혼자 서서 네가
말없이 어둠을 맞이하고 있다면
작지만 꺼지지 않는 모닥불되어
네 곁에 타오르리라.

(……)

출처: 김재진(2015).

2) 적용 유형

개인, 집단, 가족

3) 목표

• 나에게 소중한 사람을 탐색한다.
• 긍정적인 대인관계의 의미를 파악한다.

4) 작업 과정

① 〈친구에게〉라는 시를 다 같이 읽어 본다.
② 이 시를 읽고 떠오르는 사람들이 누구인지를 생각해 보고, 다시 한번 시를 읽는다.
③ '나'를 상징하는 이미지와 시를 읽고 떠오른 사람의 이미지를 그린다.
④ 나와 소중한 사람과의 관계 및 그림의 의미를 집단원에게 발표한다.
⑤ 오늘의 활동에 대한 느낌을 나눈다.

5) 적용 및 수정

• 대상의 연령대에 맞게 '친구' '연인' '부부' '가족'을 주제로 하는 다양한 시를 활용할
  수 있다.

4 연극 놀이
네 줄 대화

1) 준비물

A4 용지, 볼펜, 8절 도화지, 오일 파스텔

준비물 예시

2) 적용 유형

개인, 집단, 가족

3) 목표

• 자기의 내면을 외현화하여 자신을 객관화할 수 있다.

• 어린 시절의 나와 현재의 나의 연결점을 찾는다.

4) 작업 과정

① 도화지를 반으로 나누어 한쪽 면에 자기가 생각하는 '나'의 이미지를 그림으로 그리
  고 별칭을 붙인다.

② 도화지의 남은 한쪽 면에는 어린 시절에 본 동화나 만화, 이야기 속 캐릭터 중 기억나는 것 하나를 그림으로 그리고 캐릭터에 이름이나 별칭을 붙인다.

③ A4 용지에 나의 이미지와 동화 캐릭터 간 네 줄 대화를 쓴다.

네 줄 대화 예시

늙은 암탉(나의 이미지): 꼬꼬댁!!! 꼬꼬!! 늙으니까 이곳저곳이 쑤시고 아파~
요술공주(만화 캐릭터): 내게 소원을 빌어 봐. 나는 요술공주야.

늙은 암탉(나의 이미지): 난 아직 하고 싶은 것이 너무 많아. 젊어지고 싶어.
요술공주(만화 캐릭터): 샤랄라랄라~. 젊어져라 얍!

– 앞의 대화를 쓴 참여자는 실제로 체력적으로 힘겨우면서도, 성취 욕구가 높기 때문에 무리하게 여러 가지 일을 감당하고 있는 현실을 깨닫게 되었다. 그리고 이 성취 욕구가 건강한 것인지, 인정 욕구에서 비롯된 것인지를 생각해 보게 된 계기가 되었다.

---

④ 집단원이 두 명씩 짝을 지어서 네 줄 대화를 연극한다.

⑤ 자신의 내면을 극적으로 표현했을 때의 느낌과 다른 사람의 연극을 감상할 때의 느낌이 어땠는지를 돌아가며 발표한다.

⑥ 오늘의 활동에 대한 느낌을 나눈다.

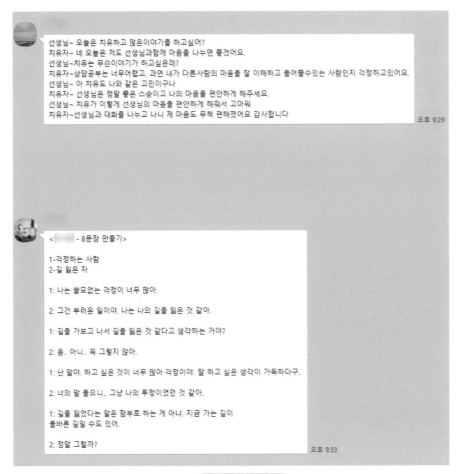

선생님~ 오늘은 치유하고 많은이야기를 하고싶어?
치유자~ 네 오늘은 저도 선생님과함께 마음을 나누면 좋겠어요.
선생님~치유는 무슨이야기가 하고싶은데?
치유자~상담공부는 너무어렵고, 과연 내가 다른사람의 마음을 잘 이해하고 들어줄수있는 사람인지 걱정하고있어요.
선생님~ 아 치유도 나와 같은 고민이구나
치유자~ 선생님은 정말 좋은 스승이고 나의 마음을 편안하게 해주세요.
선생님~ 치유가 이렇게 선생님의 마음을 편안하게 해줘서 고마워
치유자~선생님과 대화를 나누고 나니 제 마음도 무척 편안해졌어요 감사합니다

오후 9:29

< ○○○ - 8문장 만들기>

1-걱정하는 사람
2-길 잃은 자

1: 나는 쓸모없는 걱정이 너무 많아.

2: 그건 부러운 일이야. 나는 나의 길을 잃은 것 같아.

1: 길을 가보고 나서 길을 잃은 것 같다고 생각하는 거야?

2: 음.. 아니.. 꼭 그렇지 않아.

1: 난 말야. 하고 싶은 것이 너무 많아 걱정이야. 잘 하고 싶은 생각이 가득하다구.

2: 너의 말 들으니.. 그냥 나의 투정이었던 것 같아.

1: 길을 잃었다는 말은 함부로 하는 게 아냐. 지금 가는 길이
올바른 길일 수도 있어.

2: 정말 그럴까?

오후 9:33

작업 과정 예시

5) 적용 및 수정

• 개인상담에서는 상담자가 상대역을 해 주면서 좀 더 긴 대화로 확장할 수 있다.

• 노인을 대상으로 하는 경우, 『콩쥐팥쥐』 등과 같이 잘 알려진 이야기나 민담에 나오는 캐릭터를 소개하여 작업 과정 ②번에서 어려움을 느끼지 않도록 안내하는 것이 필요하다.

• 이 활동은 비대면 집단상담에서도 적용이 가능하다. 비대면 활동 시 zoom에서는 채팅창이나 카카오톡 대화방을 활용하면 된다.

동작 놀이

열정과 냉정 사이

1) 준비물

강렬한 또는 리드미컬한 음악, 가볍고 단순한 리듬의 음악(〈놀이공원 솜사탕〉[1], 〈와! 날고 있는 거니?〉[2], 〈평화로운 풍경〉[3]), 스카프 또는 보자기

 〈놀이공원 솜사탕〉 음악

 〈와! 날고 있는 거니?〉 음악

 〈평화로운 풍경〉 음악

 준비물 예시

강렬한 또는 리드미컬한 음악의 예	가볍고 단순한 리듬의 음악의 예
• 바다 위로(Over the sea)(브금강사)	• 놀이공원 솜사탕(Cepa)
• 질주 본능(브금강사)	• 와! 날고 있는 거니?(무꼬리)
• Game BGM World War 2(302Skool)	• 평화로운 풍경(나단뮤직)

---

1) 〈놀이공원 솜사탕〉 음악. https://www.youtube.com/watch?v=WsN9yxYr0fE
2) 〈와! 날고 있는 거니?〉 음악. https://www.youtube.com/watch?v=XLTvBzu8xVc
3) 〈평화로운 풍경〉 음악. https://www.youtube.com/watch?v=IINSbyGSFmg

2) 적용 유형

개인, 집단, 가족

3) 목표

- 음악에 맞춰 즉흥 동작을 표현함으로써 몸에 내재된 무의식적 감정을 탐색하도록 한다.
- 움직이는 동작을 통해 내면의 감정을 표현하고 의식화할 수 있다.

4) 작업 과정

① 첫 번째 강렬한 음악에 맞춰 즉흥 동작을 표현한다. 이때 동작은 음악이 끝날 때까지 지속해야 한다. 그리고 스카프와 같은 도구를 활용하여 동작을 표현할 수도 있다.

② 첫 번째 강렬한 음악이 끝나면 곧이어 가볍고 단순한 리듬의 음악을 틀고 그 음악에 맞춰 즉흥 동작을 표현한다.

③ ②번이 끝나면 곧이어 두 번째 강렬한 음악을 틀고 즉흥 동작을 시작한다. 그리고 음악이 끝나면 곧이어 가볍고 단순한 리듬의 음악을 틀어 즉흥 동작을 한다.

④ ①~③의 과정을 반복하는데, 음악은 교체해서 제공한다. 최소 20분 이상 즉흥 동작을 반복해야만 충분히 경험할 수 있다.

⑤ 상담자는 즉흥 동작을 마무리할 때 마지막 동작에서 1~2분 동안 정지된 상태로 현재 동작이 상징하는 것의 의미, 감정, 신체 감각 등을 알아차림하도록 한다.

⑥ 각자 돌아가면서 ⑤에서 알아차린 내용을 발표한다.

⑦ 오늘의 활동에 대한 느낌을 나눈다.

📖 작업 과정 예시

5) 적용 및 수정

- 즉흥 동작은 움직임에 감정을 투사하는 경험을 하는 것이다. 그래서 최대한 생각을 멈추고 움직임에 집중할 수 있도록 충분한 시간 동안 즉흥 동작을 할 수 있어야 한다.

- 집단상담에서 적용할 때, 마지막 단계에서 다 함께 동그랗게 모여서 춤을 추는 '커뮤니티 댄스'로 변형하여 적용이 가능하다. 이때 작업 과정 ⑤에 해당하는 활동을 시행한다면 동작으로 표현된 '집단 만다라'라고 할 수 있다.

21

표출 단계

| 1 | 미술 놀이 |

내 감정의 형태

1) 준비물

격정적인 감정의 음악[예: Adiemus(Karl Jenkins)[1]], 도자기 점토

〈Adiemus〉
음악

 준비물 예시

2) 적용 유형

개인, 집단

---

1) 〈Adiemus〉 음악. https://www.youtube.com/watch?v=C_wZ9ZBeRAo

3) 목표

• 열정이나 분노와 같은 격한 감정을 안전한 방법으로 표출할 수 있다.

4) 작업 과정

① 눈을 감고 음악을 들으면서 격정적인 감정을 생각한다. 그리고 그 감정을 느꼈던 마지막 상황을 떠올려 본다.

② 눈을 뜨고 생각했던 감정을 나타내는 행동을 점토에 표현한다. 손가락이나 손바닥, 주먹 등을 이용하여 찌르고 밀고, 때리고, 소리 나게 치거나, 부수거나 조각을 낼 수 있다.

③ 감정이 해소될 때까지 충분히 ②를 하도록 한다.

④ ③을 충분히 경험한 후 눈을 감고 손이 만들고 싶은 형태를 만든다.

⑤ 눈을 뜨고 작품을 만드는 과정에서 느꼈던 점이나 작품을 보고 나서 느낀 점을 다 함께 나눈다.

📖 작업 과정 예시

5) 적용 및 수정

• ②, ③번을 진행할 때 격한 감정을 유발할 수 있는 음악을 계속 틀어 놓아도 좋다.

• 점토 작업 결과물을 신체 조각상으로 표현하거나 이미지화하여 그림으로 그릴 수도 있다.

2 음악 놀이

나의 삶은

1) 준비물

〈사노라면〉(길옥윤/김문웅) 음악[2], 〈사노라면〉 가사[3], A4 용지, 볼펜, 스피커

〈사노라면〉 음악

〈사노라면〉 가사

준비물 예시

2) 적용 유형

개인, 집단

3) 목표

• 노래 가사를 통해 개인의 감정이나 이슈를 자연스럽게 표현한다.

• 개사하여 노래 부르기를 통해 감정의 정화와 만족감을 경험할 수 있다.

---

2) 〈사노라면〉 음악. https://www.youtube.com/watch?v=nEsRQwV_E7U

3) 〈사노라면〉 가사. https://cafe.daum.net/greenwoodsLS/D3gK/117?q=%EA%B9%80%EC%9E%A5%ED%9B%88+%EC%82%AC%EB%85%B8%EB%9D%BC%EB%A9%B4+%EC%95%85%EB%B3%B4&re=1

4) 작업 과정

사노라면

사노라면 언젠가는 밝은 날도 오겠지.

흐린 날도 날이 새면 해가 뜨지 않더냐.

<u>새파랗게 젊다는 게 한밑천인데 째째하게 굴지 말고 가슴을 쫙 펴라.</u>

내일은 해가 뜬다 내일은 해가 뜬다.

<u>비가 새는 작은 방에 새우잠을 잔데도</u>

<u>고운 님 함께라면 즐거웁지 않더냐.</u>

<u>오손도손 속삭이는 밤이 있는 한 째째하게 굴지 말고 가슴을 쫙 펴라.</u>

(……)

출처: 김창훈(1998).

① 〈사노라면〉 음악을 감상하고 각자 음악에 대한 느낌을 나눈다.

② 가사를 읽어 보고 밑줄 부분을 개사한다.

③ 집단원은 개사한 내용과 의미를 발표한다.

④ 개사한 내용을 노래로 불러 본다.

⑤ 독창을 하거나 한 소절씩 나누어 부를 수 있고, 다른 사람의 가사를 집단원이 함께
   불러 줄 수도 있다.

⑥ 노래한 후의 느낌을 다 함께 나눈다.

⑦ 오늘의 활동에 대한 느낌을 나눈다.

5) 적용 및 수정

• 노래를 부를 때 탬버린이나 셰이커 등 타악기를 함께 연주하는 것도 좋다.

• 집단원이 노래를 부를 때 한 사람이 나가서 지휘를 하거나 다 함께 율동을 할 수도 있
  있다.

3 문학 놀이

내면과의 대화

1) 준비물

A4 용지, 8절 도화지, 오일 파스텔, 펜

준비물 예시

2) 적용 유형

개인, 집단, 가족

3) 목표

• 자신의 감정을 표현함으로써 내면에 억압된 부정적 정서를 알 수 있다.

• 부정적 정서에 대한 이해를 할 수 있다.

4) 작업 과정

① 평소에 자주 느꼈던 부정적 감정은 무엇이었는지 생각해 본다.

② 감정을 이미지화하여 그림으로 표현한다.

③ 완성한 그림에 담긴 감정에 별명을 지어 준다.

④ 별명(감정)과 나와의 대화를 글로 쓴다.

〈대화 예시〉

화산(감정 별명): 곧 활활 타는 용암이 터져 나올 거야.

나: 화산. 너를 보고 있으니 불안하고 무서워.

화산: 버틸 수가 없어. 곧 터트릴 거야.

나: 네가 터져 나오면 모든 것이 엉망이 되고 말거야.

⑤ ④를 집단원에게 발표한다.

⑥ 오늘의 활동에 대한 느낌을 나눈다.

5) 적용 및 수정

- 부정적 정서를 갑자기 떠올리기 어려울 수 있으므로 도입 부분에서 MI(Music and Imagery, 음악심상 작업)와 같은 정서 탐색이 가능한 활동을 한다면, 좀 더 효율적인 진행이 가능하다.
- ⑤의 활동은 다른 집단원의 협조를 받아서 대화하는 형식을 즉흥극으로 확장하여 표현할 수도 있다.
- 글로 쓰는 것이 불편한 분에게는 말로 하는 것을 녹음하여 들려줄 수 있다.

연극 놀이

나와 우리의 이야기

1) 준비물

다양한 색깔 천, 4절 도화지, 오일 파스텔, 유성 매직, 가위, 투명테이프(12mm), 풀

준비물 예시

2) 적용 유형

집단

3) 목표

• 자기 자신과 비슷한 성격의 캐릭터가 등장하는 동화를 통해 자신을 객관화한다.

• 캐릭터를 변형하여 표현함으로써 자기표현력을 향상하고 카타르시스를 경험한다.

4) 작업 과정

① 상담자가 미리 성향이 비슷한 집단원끼리 모둠을 구성한다(예: 나이, 성별, 성격 등).

② 모둠에 모인 집단원의 성격과 비슷한 캐릭터가 등장하는 동화를 함께 의논하여 선

정한다.

③ 연극으로 발표할 동화(예: 신데렐라, 잠자는 숲속의 공주 등)의 한 장면을 선정하고 스토리를 마음에 들게 변형한다.

④ 연극으로 구성할 때 필요한 소품을 그림으로 그려 만든다.

⑤ ③의 스토리를 ④의 소품을 이용하여 즉흥극으로 표현한다.

⑥ 오늘의 활동에 대한 느낌을 나눈다.

5) 적용 및 수정

• 성향이 비슷한 사람들을 구성할 때는 중기 이후부터 지금까지 집단 프로그램을 경험하면서 자기 자신과 성향이 비슷하다고 느꼈던 사람들끼리 모둠을 형성하도록 한다.

동작 놀이

맨발의 트위스트 킹!

1) 준비물

스피커, 〈트위스트 킹〉(주영훈/이승호) 음악[4], 전지, 채색 도구

〈트위스트 킹〉
음악

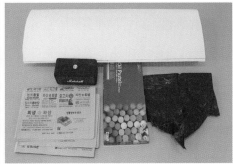

 준비물 예시

2) 적용 유형

개인, 집단, 가족

3) 목표

- 부정적인 정서를 그림으로 그려 표현한다.
- 신나는 음악과 함께 동작 놀이를 통해 카타르시스를 경험한다.

4) 작업 과정

① 전지 한 장을 넓게 펴서 바닥에 놓고, 최근 느낀 화, 짜증, 우울과 같은 부정적 정서

---

4) 〈트위스트킹〉 음악. https://www.youtube.com/watch?v=c29vfDLMhaU

를 그림으로 그린 후 맨발로 그림 위에 올라간다.

② 개인이나 집단원에게 신문지를 한 장씩 나누어 주고 상담자가 터보의 〈트위스트 킹〉 음악을 틀어 주면, 각자 자유롭게 트위스트를 추면서 신문지를 발만 사용하여 구기거나 찢는다.

③ 음악이 끝나면 한 명씩 돌아가며 작업 과정에서 느낀 감정이나 현재의 기분을 이야기한다.

④ 신문지 조각을 가장 많이 낸 사람이 누군지 찾아서 박수를 쳐 준다. 신문지 조각이 많이 났다는 것은 그만큼 적극적으로 몸을 많이 움직였다는 뜻이기 때문이다.

⑤ 신문지 조각을 모두 가운데로 모아서 커다란 비닐봉지에 넣고 마무리한다.

⑥ 오늘의 활동에 대한 느낌을 나눈다.

5) 적용 및 수정

• 노인을 대상으로 적용할 때는 노래를 설운도의 〈사랑의 트위스트〉와 같은 트로트 음악을 사용한다면 공감대 형성에 더욱 효과적이다. 마찬가지로 이 활동은 다양한 대상에게 적용이 가능한데, 이때 사용할 음악은 대상 연령대가 공감할 수 있는 음악을 사용하는 것이 좋다.

• 집중력에 대한 이슈를 갖고 있는 대상에게 이 활동을 도입부에 적용한다면, 자칫 산만해질 수 있으므로 주의해야 한다.

22

통합 단계

22

---

1 미술 놀이

지금의 나는

1) 준비물

8절 도화지, 오일 파스텔, 유성 매직, 사인펜, 잡지, 가위, 풀

🪴 준비물 예시

2) 적용 유형

개인, 집단, 가족

3) 목표

- 프로그램 과정에서 긍정적으로 변화한 자기 자신을 인식한다.
- 자기의 긍정적 모습을 상징화하여 그림으로 표현하고 내면화할 수 있다.

4) 작업 과정

① 처음 프로그램을 참여했을 때 자기 자신과 비교하여 프로그램 과정에서 긍정적으로 변화한 것은 어떤 것이 있는지 함께 이야기 나눈다. 상담자는 발표자가 말한 내용 이외에 집단이 그동안 느꼈던 변화에 대해서 집단원끼리 서로 지지하고 공감하며 적극적으로 대화할 수 있도록 이끈다.

② 긍정적으로 변화한 자기를 주제로 그림과 콜라주로 표현한다.

③ 한 명씩 돌아가며 완성된 작품을 발표하고 나눔의 시간을 갖는다.

④ 오늘의 활동에 대한 느낌을 나눈다.

뚝딱이의 작품 변화과정 바라보기

1회기

2회기

3회기

작업 과정 예시

5) 적용 및 수정

- 작업 전에 프로그램에서 얻은 결과물을 과정순으로 편집된 동영상이나 작품 전시의 형태로 보여 줌으로써 자기 자신의 변화를 보다 쉽게 인식할 수 있도록 도울 수 있다.

2 음악 놀이

사랑의 조각보

1) 준비물

〈당신은 사랑받기 위해 태어난 사람〉(이민섭) 음악[1] 및 가사[2], 다양한 색깔의 색종이 (10×10cm), 볼펜, 4절 도화지, 풀

〈당신은 사랑받기 위해 태어난 사람 〉
음악

〈당신은 사랑받기 위해 태어난 사람 〉
가사

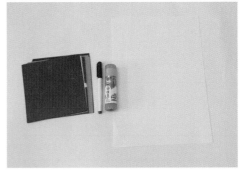

 준비물 예시

2) 적용 유형

집단, 가족

3) 목표

• 집단원의 칭찬과 격려를 통해 자기 자신을 긍정적으로 인식한다.

• 조각보 작업을 통해 객관적인 자신의 모습을 통찰할 수 있다.

---

1) 〈당신은 사랑받기 위해 태어난 사람〉 음악. https://www.youtube.com/watch?v=5MRH5oNG7hA

2) 〈당신은 사랑받기 위해 태어난 사람〉 가사. https://cafe.daum.net/kotrots/VWQN/6?q= %EC%9D%B4%EB%AF%BC%EC%84%A D+%EB%8B%B9%EC%8B%A0%EC%9D%80+%E C%82%AC%EB%9E%91%EB%B0%9B%EA%B8%B0+%EC%9C%84%ED%95 %B4+%ED%83 9C%EC%96%B4%EB%82%9C+%EC%82%AC%EB%9E%8C+%EC%95%85%EB%B3%B4& re=1

4) 작업 과정

① 〈당신은 사랑받기 위해 태어난 사람〉 음악을 듣고 가사에 대한 느낌을 나눈다.

② 가사에서 '당신은' 부분에 집단원의 이름을 넣어서 다 같이 부른다. 이름을 노래할 때 해당자를 바라보며 부른다.

당신은 사랑받기 위해 태어난 사람

※ (   )처럼 개사하여 부른다.

당신은(미영은) 사랑받기 위해 태어난 사람
당신의(미영의) 삶 속에서 그 사랑받고 있지요.
당신은(철수는) 사랑받기 위해 태어난 사람
당신의(철수의) 삶 속에서 그 사랑받고 있지요.
태초부터 시작된 하나님의 사랑은
우리의 만남을 통해 열매를 맺고
당신이 이 세상에 존재함으로 인해
우리에겐 얼마나 큰 기쁨이 되는지.

(……)

출처: 이민섭(1997).

---

③ 각자 각각의 참여자를 상징하는 색깔의 색종이를 선택하고, 색종이에 해당 참여자를 칭찬하는 글을 쓴다.

④ 칭찬이 적힌 색종이를 해당 참여자에게 전달한다.

⑤ 집단원에게 받은 색종이로 4절 도화지에 조각보를 만든다.

⑥ 작품을 소개하고 오늘의 활동에 대한 느낌을 나눈다.

다정하다.	항상 웃는 얼굴이라 좋은 에너지를 얻었습니다. 감사합니다.			

5) 적용 및 수정

- 〈당신은 사랑받기 위해 태어난 사람〉을 노래할 때 간단한 율동을 배워서 표현해 보는 것도 좋다.
- 가족이 이 활동을 할 경우, 한 사람당 칭찬 메시지를 여러 장 쓰게 한다.

| 3 | 문학 놀이 |

함께 쓰는 시

1) 준비물

8절 도화지, 「풀꽃」(나태주) 시, 오일 파스텔, 붓펜

준비물 예시

2) 적용 유형

집단, 가족

3) 목표

- 프로그램 과정에서 긍정적으로 변화한 자기 자신을 인식한다.
- 변화된 모습에 대한 집단원의 공감과 지지를 통해 안정감과 만족감을 얻는다.

4) 작업 과정

① '요즘의 나는'이라는 주제로 활동지를 적은 후 한 명씩 돌아가며 자기소개를 한다.

● 요즘의 나는 ●

1. 과거의 나와 요즘의 나에게 별명을 지어 준다면?

2. 요즘 나의 관심사는?

3. 요즘 나에게 중요한 것은?

② 자기소개가 끝나면 '요즘의 나'를 주제로 〈함께 쓰는 시〉를 진행하기 위해 각자 요즘의 나를 가장 적절히 표현할 만한 시의 제목을 정한다.

③ 시의 제목을 정하고 각자 시의 첫 번째 연을 작성하고, 도화지를 자신의 오른쪽 사람에게 넘긴다.

④ 왼쪽 사람에게 받은 도화지에 적힌 첫 번째 연의 시 내용을 읽어 보고, 다음 연을 쓰고 또다시 오른쪽 사람에게 도화지를 넘겨준다. 이 과정을 반복하여 집단 한 바퀴를 돌아 〈함께 쓰는 시〉가 완성된다.

⑤ 한 바퀴를 돌아서 자기의 시를 넘겨받으면 내용을 읽어 보고, 시와 어울리는 이미지를 그려서 시화를 완성한다.

⑥ 완성작을 발표하고 오늘의 활동에 대한 느낌을 나누는 시간을 갖는다.

5) 적용 및 수정

• 시로 표현하기 어려워하는 그룹의 경우, 나태주의 「풀꽃」처럼 세 줄로 완성하는 시(단시: 하이쿠)를 쓸 수 있도록 제안해도 좋다. 단시(나태주의 「풀꽃」) 또는 하이쿠 시의 예시를 집단 시를 쓰기 전에 참고 자료로 보여 주어도 좋다.

풀꽃

나태주

자세히 보아야

예쁘다.

(……)

출처: 나태주(2015).

4 연극 놀이

행복을 찾아서

1) 준비물

〈행복을 찾아서〉영화[3], A4 용지, 볼펜

〈행복을 찾아서〉
영화 축약

준비물 예시

2) 적용 유형

개인, 집단, 가족

3) 목표

• 영화 감상 후 자신의 사고와 감정, 행동을 표현할 수 있다.

• 프로그램 과정에서 형성된 긍정적인 가치관을 인식한다.

• 건강한 신념으로 건설적인 미래를 계획할 수 있다.

---

3) 〈행복을 찾아서〉영화 축약. https://www.youtube.com/watch?v=hTFdawWVhnl

4) 작업 과정

① 줄거리 위주로 편집된 영화 클립 〈행복을 찾아서〉를 감상한다.

> **줄거리**
>
> 세일즈맨 크리스 가드너(윌 스미스)는 모든 재산을 털어 투자하여 구입한 의료기기를 팔러 다니지만 일은 마음대로 되지 않는다. 아들 크리스토퍼(제이든 스미스)는 엉터리 유치원에서 하루 종일 엄마를 기다리다 잠들기 일쑤이고, 빚 독촉과 생계유지도 막막한데 자동차까지 압류를 당하게 되자 참다못한 아내마저 두 사람을 놓고 떠나버린다. 그 후 살던 집에서도 쫓겨난 크리스와 크리스토퍼는 우연히 마주친 주식 중개인을 알게 되고 '남이 할 수 있다면, 나도 할 수 있다'는 희망과 함께 주식중개 회사에 인턴으로 지원한다. 그러나 인턴 과정은 월급도 없을뿐더러, 많은 업무 성과와 더불어 또 다른 시험에서 60대 1이라는 경쟁률을 통과해야만 하는 혹독한 과정이 기다리고 있었던 것이다. 학력도 경력도 내세울 것 없지만 크리스는 이 지독한 과정을 아들과 함께 고군분투하며 도전한다. 이 영화는 집도 없이 노숙자 시설과 지하철 화장실을 전전하며 생활하는 어려움 속에서도 행복을 찾기 위한 마지막 기회에 도전하는 크리스가 투자와 사업으로 엄청난 부자가 되는 과정을 그려 내었다.

② 영화 감상 후 스치는 생각이나 감정을 표현적 글쓰기로 표현한다. '표현적 글쓰기'란 머리에 스치는 모든 생각을 종이에 글로 표현하는 것이다. 스치는 모든 생각을 물리치지 않으며 문맥이나 글의 구성에 신경 쓰지 않고 표현해야 한다.

③ 오늘의 활동에 대한 느낌을 나눈다.

5) 적용 및 수정

- 영화의 줄거리가 잘 드러나도록 10분 이내의 편집된 영상을 미리 준비해야 한다.
- 상담자는 주인공이 온갖 역경 속에서 좌절하지 않고 맞서 싸우는 낙관성에 초점을 맞추어 토론할 수 있도록 이끈다.
- 상담자는 영화 속 주인공이 자신의 힘겨운 인생 시기를 명명화하며 이겨 낸 것처럼 집단원도 '지금 이 시간 명명하기'를 통해 새로운 각오를 갖고 출발선에 서 있음을 인식할 수 있도록 도와야 한다.

- 표현적 글쓰기에 대한 나눔을 할 때 글을 낭독하지 않아도 된다. 글쓰기 활동이 시작되기 전에 글의 내용을 읽지 않을 것이라는 정보를 제공한다면 집단원이 더 솔직하게 글을 쓸 수 있을 것이다.

5　동작 놀이
동작으로 나누는 대화

1) 준비물

음악[〈The Truth Will Always Be〉(Pat Metheny)[4]], 스피커, 8절 도화지, 오일 파스텔

〈The Truth Will Always Be〉
음악

 준비물 예시

2) 적용 유형

집단, 가족

3) 목표

- 회복된 자기 자신의 에너지를 일깨우고 몸으로 표현한다.
- 몸동작으로 표현함으로써 신체 언어로 에너지를 증진해 본다.
- 집단원과 함께 동작으로 나누는 대화를 경험하면서 연결감을 느낄 수 있다.

---

4) 〈The Truth Will Always Be〉 음악. https://www.youtube.com/watch?v=p0XmWj9YLIE

4) 작업 과정

① 회복된 지금 현재 또는 집단상담 과정에서 회복된 자기 자신의 에너지를 그림으로 표현하고 제목을 붙여 준다.

② 완성된 그림을 한 명씩 돌아가며 발표한다.

③ 집단원은 동그랗게 모여 서서 동작을 표현할 순서를 정한다.

④ 1번부터 가운데로 나가서 차례차례로 그림 작품의 이미지나 제목을 몸동작으로 표현하여 집단 몸 조각상을 만든다.

⑤ 마지막 순서까지 몸동작이 표현되고 나면, 상담자는 음악을 튼다. 그리고 1번부터 차례차례로 런웨이하듯 나갔다가 다시 제자리에 돌아가서 또 다른 동작으로 조각상을 만든다.

⑥ 동작 표현이 끝난 후 오늘의 활동에 대한 느낌을 나눈다.

5) 적용 및 수정

• 작업 과정의 ⑤에서는 자기 자신의 감정 표현에 집중하기보다는 집단 몸 조각상에 대한 반응으로서의 동작 표현을 이끌어 내는 것이 중요하다.

23

종결 단계

---

1 미술 놀이

피어나다!

1) 준비물

꽃잎 모양 도면, 색연필, 네임펜, 가위, 대형 쟁반, 물

준비물 예시

2) 적용 유형

개인, 집단, 가족

3) 목표

- 긍정적으로 변화된 자기 자신을 인식하고 만족감을 경험할 수 있다.
- 꽃잎이 펴지는 과정을 통해서 변화된 모습을 시각화하여 통찰할 수 있다.

4) 작업 과정

① 꽃 도안의 씨방 부분에 당일 작업 과정에서 느낀 긍정적인 감정이나 생각을 글로
  쓴다.
② 꽃잎 부분은 감정이나 생각을 나타낼 수 있는 색이나 디자인으로 꾸민다.
③ 꽃잎을 가운데로 모아서 살짝 접는다.
④ 대형 쟁반에 물을 살짝 받은 후 조명을 어둡게 하고 쟁반 가운데에 촛불을 밝힌다.
  그리고 상담자는 차분한 음악을 틀어 준다.
⑤ 집단원은 각자 자기의 꽃잎을 물 위에 띄우고 꽃잎이 벌어지는 장면을 바라본다.
⑥ 모두 자리에 앉아서 꽃잎이 벌어지는 장면을 보았을 때의 소감을 나눈다.

작업 과정 예시

5) 적용 및 수정

- 전체 프로그램의 마지막 회기에서 사용한다면 프로그램을 통해 긍정적으로 변화된 자기상을 주제로 활동해 보는 것도 좋다.
- 작업 과정의 ④는 상담자가 미리 준비해 두는 것이 좋다.

2 음악 놀이

뮤직 팬터마임

1) 준비물

〈거위의 꿈〉(김동률/이적) 가사[1], 마라카스, 핸드 벨, 오션드럼 외 타악기

〈거위의 꿈〉 가사

 준비물 예시

거위의 꿈

난 난 꿈이 있었죠.

버려지고 찢겨 남루하여도

내 가슴 깊숙이 보물과 같이 간직했던 꿈

혹 때론 누군가가 뜻 모를 비웃음

내 등 뒤에 흘릴 때도 난 참아야 했죠.

참을 수 있었죠. 그날을 위해

늘 걱정하듯 말하죠. 헛된 꿈은 독이라고.

세상은 끝이 정해진 책처럼

---

1) 〈거위의 꿈〉 가사. https://blog.naver.com/jubo21/220234701277

이미 돌이킬 수 없는 현실이라고

그래요. 난 난 꿈이 있어요.

그 꿈을 믿어요. 나를 지켜봐요.

저 차갑게 서 있는 운명이란 벽 앞에

당당히 마주칠 수 있어요.

언젠가 난 그 벽을 넘고서

저 하늘을 높이 날을 수 있어요.

이 무거운 세상도 나를 묶을 순 없죠.

내 삶의 끝에서

나 웃을 그날을 함께해요…….

(……)

출처: 인순이(2007).

2) 적용 유형

집단

3) 목표

• 희망찬 긍정적인 메시지가 담긴 노래 가사를 통해 종결 후 사회에 적응할 수 있다.

• 악기와 몸으로 표현하는 활동으로 집단 응집력을 경험하며 에너지를 향상시키는 시너지 효과를 낼 수 있다.

4) 작업 과정

① 〈거위의 꿈〉이라는 노래 가사를 제시하고, 다 함께 가사를 토의한다.

② 두 개의 모둠으로 집단원을 나눠서 1절과 2절을 각각 마임으로 표현한다. 이때 타악기를 함께 사용함으로써 가사의 느낌을 극대화시켜 표현해 보도록 한다.

③ 활동 소감에 대해 이야기를 나누고 마무리한다.

5) 적용 및 수정

- 작업 과정의 ②를 하기 위해서 각 모둠이 아이디어를 나눌 수 있는 충분한 시간을 제공한다. 그리고 자유롭게 표현할 수 있도록 최대한 허용적인 분위기를 조성하는 것이 좋다.
- 집단의 연령과 발달을 고려하여 노래를 바꿔서 제공해야 한다.

1) 준비물

「경이로운 나날」(김종길, 현대문학 출판사) 시, A4 용지, 볼펜

준비물 예시

2) 적용 유형

개인, 집단, 가족

3) 목표

- 일상에서 작지만 긍정적인 면을 인식함으로써 보다 적응적으로 삶을 살 수 있다.
- 각자 모방시를 작성하여 자신의 일상을 통찰할 수 있다.

4) 작업 과정

① 「경이로운 나날」(김종길) 시를 감상하고 집단원과 소감을 나눈다.

경이로운 나날

김종길

경이로울 것이라곤 없는 시대에
나는 요즈음 아침마다
경이와 마주치고 있다.

이른 아침 뜰에 나서면
창밖 화단의 장미포기엔
하루가 다르게 꽃망울이 영글고.

(……)

출처: 김종길(2008).

② 상담자는 시의 의미 해석에 어려움을 느끼는 집단원이 있을 수 있으므로 간단하게 시의 의미를 알려 줄 수 있다(김종길 시인은 오랜 경륜을 가진 시인이다. 이 시는 봄을 맞이하는 80대 노인의 세계를 엿볼 수 있다. 봄이 왔다고 해서 어린이나 청춘남녀처럼 설레고 기뻐하는 나이는 아니지만, 매일매일 다반사로 보는 장미 포기에 꽃망울과 같은 것을 경이롭게 바라보는 것을 알 수 있다.)

③ 각자 '○○한 나날'이라는 제목으로 모방시를 쓰고 발표한다.

④ 집단원은 시를 듣고 감상한 느낌이나 생각을 다 함께 나눈다.

5) 적용 및 수정

• 집단원의 연령대나 프로그램 목표와 맞는 주제의 시를 선정해야 한다.

연극 놀이

 # 나는 더 이상 ○○가 아니야!

1) 준비물

조용한 음악[〈The Kiss〉(Phildel)[2]], 8절 도화지, 오일 파스텔

 〈The Kiss〉 음악

 준비물 예시

2) 적용 유형

개인, 집단, 가족

3) 목표

• 긍정적으로 변화된 자기 자신을 표현하고 자신감을 증진한다.

• 변화된 모습을 다시 한번 결단할 수 있다.

---

2) 〈The Kiss〉 음악. https://www.youtube.com/watch?v=Cqz3SBQfVBM

4) 작업 과정

① 조용한 음악을 들으면서 긍정적으로 변하기 전, 싫어했던 자기 자신의 모습을 떠올린다.

② 변화한 자기 자신을 표현할 수 있는 독백 문장을 작성한다.

독백 예시

어릴 불을 피우는 아빠에게 어떻게 하면 불을 잘 피울 수 있느냐고 물었지.

그러자, 아빠는 불을 두려워하지 않으면 된다고 했어.

조금 더 자라서 나는 아빠에게 어떻게 하면 수영을 잘할 수 있는지 물었어.

그때도 아빠는 물을 두려워하지 않으면 된다고 했어.

그렇게 아빠는 나에게 뭐든지 두려워하지 않으면 잘 할 수 있다고 하신 거야.

앞날이 막막하게만 느껴졌던 나에게 "삶을 두려워하지 않으면 돼."라고 말할 거야.

중요한 건 나의 용기라는 것을 알게 되었어.

"나는 더 이상 겁쟁이가 아니야. 두려워하지 않을 거야."

---

③ 한 사람씩 나와서 작성한 문장을 독백으로 표현한다.

④ 발표가 끝나고 다 함께 오늘의 활동에 대한 소감을 나눈다.

5) 적용 및 수정

- 집단 프로그램에서는 집단원 개개인이 초기 단계부터 종결 단계까지 제작한 모든 작업 결과물을 사진으로 찍어 동영상으로 편집하여 집단원들에게 보여 준다면, 변화된 상태를 보다 쉽게 인식할 수 있다.

- 변화된 자기 자신의 모습을 독백으로 표현하기 어려워하는 참여자에게는 변화된 현재 자기 모습과 비슷한 동물이나 자연물 또는 사물의 이미지를 떠올리게 한 후, 은유적인 방법으로 표현하도록 도와줄 수 있다.

5 동작 놀이

오제미로 팡팡!

1) 준비물

바구니(상담자가 준비, 작업 과정 ② 참조), 다양한 색깔 천, 곡식, 바늘, 실

준비물 예시

2) 적용 유형

집단, 가족

3) 목표

• 자기 자신의 소망이나 목표를 긍정적으로 변화된 모습을 통해 성취할 수 있는 기대
감을 가질 수 있다.

4) 작업 과정

① 마음에 드는 색깔의 천을 선택하고 겉부분에 자기 자신의 소망이나 목표를 적은 다
음 안에 곡식을 넣고 바느질하여 오제미를 만든다.

② 박은 상담자가 미리 만들어 준비한다. 박은 바구니에 찍찍이 테이프를 붙이고, 바구
  니 두 개를 마주 보게 하여 겹친 후 한쪽을 실로 묶는다. 그리고 그 안에는 색종이 꽃
  가루와 '모두 소원 성취하세요!'라고 적힌 문구를 넣어서 박을 완성한다.
③ 자기가 만든 오제미를 던져서 박을 터뜨린다. 박을 터뜨리면 색종이 꽃가루와 "모두
  소원 성취하세요!"라는 문구가 나온다.
④ 오늘의 활동에 대한 느낌을 나눈다.

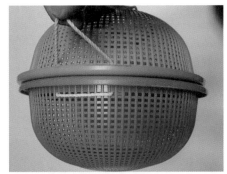

작업 과정 예시

5) 적용 및 수정

• 바구니 두 개를 접착할 때 너무 강력하게 붙이지 않도록 한다. 노인의 경우, 박이 잘
  터지지 않아서 힘이 들고 좌절감을 느낄 수 있다.

재미있고 쉬운
예술놀이치료기법
•
참고문헌

강윤문(2004). 허버트 리드의 창조성 이론을 통한 미술교육 방향 연구. 전주교육대학교 대학원 석사학위 논문.

강은령(2010) 음악치료가 학교 부적응 아동의 자기표현 능력 향상에 미치는 영향: 초등학교 5학년을 중심으로. 진주교육대학교 교육대학원 석사학위 논문.

곽경숙(2010). 연극치료가 대학생의 정서적 안녕감에 미치는 효과. 동덕여자대학교 대학원 석사학위 논문.

금명자, 지승희, 이호준, 이지은, 손재환(2005). 자녀와 함께 성장하는 부모. 서울: 한국청소년상담원 부모교육 마음.

김수경 편저(2008). 독서치료의 이론과 실제. 대구: 태일사.

김시욱(2005). 미술치료가 정신병리 아동의 자율신경계 활동에 미치는 효과. 미술치료연구, 12(3), 545-566.

김용규(2008). 놀이와 예술치료. 용인정신의학보, 15(1), 52-68.

김재진(2015). 친구에게. 누구나 혼자이지 않은 사람은 없다. 경기: 꿈꾸는 서재.

김종길(2008). 경이로운 나날. 해거름 이삭줍기. 서울: 현대문학.

김진숙(2010). 샤머니즘과 예술치료: 치유과정의 심층심리학적 은유. 서울: 학지사.

나라 요시모토(2010). 너를 만나 행복해!. 배주영 역. 경기: 살림출판사.

나카가와 히로다카(2003). 어른이 된다는 건. 이장선 역. 서울: 꿈소담이.

나태주(2015a). 풀꽃. 꽃을 보듯 너를 본다: 나태주 인터넷 시집. 대전: 지혜.

나태주(2015b). 풀꽃 2. 꽃을 보듯 너를 본다: 나태주 인터넷 시집. 대전: 지혜.

라퐁텐(2001). 늑대와 황새. 라퐁텐 우화집: 세상에서 가장 지혜로운 이해. 크레용하우스 편. 서울: 크레용출판사.

라퐁텐(2004). 도시 쥐와 시골 쥐. 라 퐁텐 그림 우화. 서울: 시공사.

류일윤(2006). 네가 있어 나도 행복해. 경기: 글뿌리.

신경아(2014). 우울증 중년여성을 위한 영화치료 프로그램의 효과. 전남과학대학교 대학원 박사학위 논문.

안명현, 강민수, 김민지, 김영애, 송민영, 오현주, 장재영, 정유진, 최희진, 하연아, 홍정의(2020). 재미있고 쉬운 인지행동 미술치료. 서울: 학지사.

염재철(2014). 존재와 예술: 하이데거 예술사상. 서울: 서울대학교 출판문화원.

오윤심(1996). 플라톤 교육론에서의 예술의 위치. 서울대학교대학원 박사학위 논문.

앤서니 브라운(2005). 터널. 장미란 역. 서울: 성곡미술관.

윌리엄 스타이그(2000). 아빠랑 함께 피자 놀이를. 서울: 보림.

이상우(1999). 전통과 현대가 조화된 동양의 미학론: 동양미학론. 미학연구. 서울대학교 인문대학 미학과.

이재욱(2011). 음악치료 프로그램이 아동의 우울과 불안에 미치는 영향. 서울교육대학교 대학원 석사학위 논문.

임용자, 유계식, 안미연(2016). 표현예술치료의 이론과 실제: 몸으로 하는 심리치료. 서울: 학지사.

정설아(2015). 임금님 귀는 당나귀 귀. 경기: 키움북스.

조요한(1988). 아리스토텔레스의 철학. 서울: 경문사.

진교훈(1988). 놀이를 하는 인간에 대한 철학적 고찰. 기독교 사상, 356(8), 14-23.

진중권(2005), 놀이와 예술 그리고 상상력. 서울: 휴머니스트.

채인선(2005). 아름다운 가치사전. 서울: 한울림 어린이.

플라톤(2010). 향연(symposion). 강철웅 역. 서울: 이제이북스.

피터 레이놀즈(2003). 점. 김효진 역. 서울: 문학동네.

하정연, 임재택, 안영숙, 진보경, 이미래, 남연주, 신주연, 엄순정(2007). 아이들이 그리는 세상: 선생님들이 직접 쓴 생태미술 프로그램. 경기: 양서원.

한국표현예술심리치료협회 편저(2005). 초급과정참고자료집. 서울: 한국표현예술심리치료협회.

허효범(2014). 생태예술놀이치료가 아동의 정서발달에 미치는 영향. 한양사이버대학교 대학원 석사학위 논문.

홍은주, 한미현, 이향숙, 류진아, 이상희, 홍주란, 안순미(2010). 놀이치료: 기법과 실제. 서울: 창지사.

Ayres, A. J. (2009). *Sensory integration and the child*. 김경미, 김정미 공역(2006). 감각통합과 아동. 서울: 군자출판사.

Chodorow, J. (1991). *Dance therapy & depth psychology: The moving imagination*. New York: Routledge.

Chodorow, J. (Ed.). (1997). *Jung on active imagination* (pp. 1–20). London: Routledge.

Erikson, E. H. (1963). *Childhood and society* (2nd ed.). New York: Norton.

Freud, S. (1910). *Eine kindheitserinnerung des leonardo da vinci*. 정장진 역(2003). 예술, 문학, 정신분석. 서울: 열린책들.

Gadamer, H. G. (1960). *Wahrheit und methode: Grundzüge einer philosophischen Hermeneutik*. 이길우 역(2000). 진리와 방법 1. 서울: 문학동네.

Halprin, D. (2002). *Expressive body in life, art and therapy*. 김용량, 이정명, 오은영 공역(2006). 동작중심 표현예술치료: 움직임, 은유 그리고 의미의 세계. 서울: 시그마프레스.

Heidegger, M. (1950). *The origin of work of art*. Ditzingen: reclam.

Hughes, F. P. (1998). *Children, play, and development* (3rd.). 김광웅, 유미숙, 박영애, 유가효, 최영희, 방은령 공역(2003). 놀이와 아동발달. 서울: 시그마프레스.

Huizinga, J. (1995). *Homo Ludens: A study of the play element in culture*. 이종인 역(2010). 호모루덴스: 놀이하는 인간. 서울: 연암서가.

Johnson, D. (1982). Developmental approaches in drama therapy. *The Arts in Psychotherapy, 9*(3), 183–190.

Johnson, D. (1986). The developmental method in dramatherapy: Group treatment with the elderly. *The Arts in Psychotherapy, 13*, 17–33.

Jung, C. G. (1961). *Ma vie: Souvenirs, rêves et pensées*. 이기춘, 김성민 공역(1995). 융의 생애와 사상: 기억과 꿈의 회상들. 서울: 현대사상사.

Malchiodi, C. A., & Crenshaw, D. A. 편저 (2014). *Creative arts and play therapy for attachment problems*. 김유진, 류진아, 신현정, 윤미원, 장미경, 최명선, 홍은주 공역(2019). 창의적 예술치료와 놀이치료. 서울: 학지사.

Nathan, A. A., & Mirviss, S. (1998). *Therapy techniques using the creative arts*. 박희석, 류정미, 윤명희 공역(2011). 창조적 예술치료기법. 서울: 학지사.

O'Connor, K. J. (2000). *The play therapy primer*. 송영혜, 윤지현 공역(2001). 놀이치료입문. 서울: 시그마프레스.

Read, H. (1974). *The meaning of art: Faber*. 박용숙 역(2007). 예술의 의미. 서울: 문예출판사.

Rogers, N. (1993). *Creative connection*. 이정명, 전미향, 전태옥 공역(2007). 인간중심 표현예술치료: 창조적 연결. 서울: 시그마프레스.

Rubin, J. A. (1984). *Art of art therapy*. 김진숙 역(2008). 예술로서의 미술치료. 서울: 학지사.

Rubin, J. A. (2008). *Artful therapy*. 최소영, 김혜정 공역(2007). Rubin의 통합적 예술치료 읽기. 서울: 시그마프레스.

Schiller, F. (1795). *Ueber die ästhetische Erziehung des Menschen, in einer Reihe von Briefen*. 안인희 역(1995). 인간의 미적 교육에 관한 편지. 서울: 청하.

Winner, E. (1982). *Invented world: The psychology of the arts*. 이모영, 이재준 공역(2004). 예술 심리학. 서울: 학지사.

Winnicott, D. W. (1982). *Playing and reality*. 이재훈 역(1997). 놀이와 현실. 서울: 한국심리치료연구소.

송주연(2019. 4. 25.). 방탄소년단 '70억개의 별'에 담긴 해석…… 놀랍고 감동적. 오마이뉴스. http://star.ohmynews.com/NWS_Web/OhmyStar/at_pg.aspx?CNTN_CD=A0002530965

책 영상

아빠와 피자놀이. https://www.youtube.com/watch?v=IKe92yV8-sg

영화 편집 영상

김씨표류기(2009). https://www.youtube.com/watch?v=8wEz1pgKj78
마션(2015). https://www.youtube.com/watch?v=UTanyJb9IJ0
캐스트어웨이(2001). https://www.youtube.com/watch?v=EMrrrT5cMb8
행복을 찾아서(2007). https://www.youtube.com/watch?v=hTFdawWVhnI

음악

곰 세 마리. https://www.youtube.com/watch?v=L6_y2KvGNts
그대로 멈춰라. https://www.youtube.com/watch?v=3cRCsTMr98E
놀이공원. https://www.youtube.com/watch?v=WsN9yxYr0fE
님과 함께. https://www.youtube.com/watch?v=qwwgIU8LfXA
당신은 사랑받기 위해 태어난 사람. https://www.youtube.com/watch?v=5MRH5oNG7hA

마블 노래 모음. https://www.youtube.com/watch?v=pm8mI0OrnHk

멋쟁이 토마토. https://www.youtube.com/watch?v=mK-Lrtt23Kc

부기우기. https://www.youtube.com/watch?v=e1RguJPzOe8

사노라면. https://www.youtube.com/watch?v=nEsRQwV_E7U

소우주. https://www.youtube.com/watch?v=Fw7C6IsDYgI

솜사탕. https://www.youtube.com/watch?v=99OGvLxHb2U

신과 함께 오프닝. https://www.youtube.com/watch?v=5AZD3BAkNO0

아기 상어. https://blog.naver.com/bustre/221115756302

오펜바흐(1858). 천국과 지옥 중 캉캉. https://www.youtube.com/watch?v=YlYaOTdKEdE

와! 날고 있는 거니?. https://www.youtube.com/watch?v=XLTvBzu8xVc

웃어요. https://www.youtube.com/watch?v=nDOZVpJ4BOs

임윤찬(2022). 라흐마니노프 피아노 협주곡 3번 중. https://www.youtube.com/
    watch?v=DPJL488cfRw, https://www.youtube.com/watch?v=w2WJuhvR4Ig

자연의 소리(개구리 춤, 코엑스 아쿠아리움). https://www.youtube.com/
    watch?v=Oh8dNBoJLG0, https://www.youtube.com/ watch?v=6xF1v24AmtQ

짤랑짤랑 으쓱으쓱. https://www.youtube.com/watch?v=3pN7YmZcsQ4

트위스트 킹. https://www.youtube.com/watch?v=c29vfDLMhaU

평화로운 풍경. https://www.youtube.com/watch?v=IlNSbyGSFmg

헝가리 무곡. https://www.youtube.com/watch?v=MaA0bfvLPk0

Adiemus. https://www.youtube.com/watch?v=C_wZ9ZBeRAo

September. https://www.youtube.com/watch?v=nwFn8RfVFbg

The Kiss. https://www.youtube.com/watch?v=Cqz3SBQfVBM

The Truth Will Always Be. https://www.youtube.com/watch?v=p0XmWj9YLlE

가사

김방옥(2019) 작곡, 작사. 〈그대로 멈춰라〉. https://cafe.daum.net/papasband/XWd/549?q=%EA
    %B7%B8%EB%8C%80%EB%A1%9C+%EB%A9%88%EC%B6%B0%EB%9D%BC+%EC%95
    %85%EB%B3%B4&re=1

김영광(2003) 작곡, 작사. 〈멋쟁이 토마토〉. https://www.youtube.com/watch?v=mK-Lrtt23Kc

김장훈(1998). 〈사노라면〉. https://cafe.daum.net/greenwoodsLS/D3gK/117?q=%EA%B9%8
    0%EC%9E%A5%ED%9B%88+%EC%82%AC%EB%85%B8%EB%9D%BC%EB%A9%B4+%

EC%9 5%85%EB%B3%B4&re=1

남진(2005). 〈님과 함께〉. https://blog.naver.com/ohy0504/222621889527

방탄소년단(2019). 〈소우주〉. https://blog.naver.com/kdseul33/222232106637

왕영은, 이혜민(1995). 〈짤랑짤랑 으쓱으쓱〉. https://blog.naver.com/choeunhadan/
220660763162

유리상자(2000). 〈웃어요〉. https://cafe.daum.net/jaesung-fanclub/N2f7/246?q=%EC%9C%
A0%E B%A6%AC%EC%83%81%EC%9E%90+%EC%9B%83%EC%96%B4%EC%9A%94+%
EC%95 %85%EB%B3%B4&re=1

이민섭(1997). 〈당신은 사랑받기 위해 태어난 사람〉. https://cafe.daum.net/kotrots/VWQN/
6?q= %EC%9D%B4%EB%AF%BC%EC%84%AD+%EB%8B%B9%EC%8B%A0%EC%9D%8
0+%E C%82%AC%EB%9E%91%EB%B0%9B%EA%B8%B0+%EC%9C%84%ED%95%B4+%
ED%83 %9C%EC%96%B4%EB%82%9C+%EC%82%AC%EB%9E%8C+%EC%95%85%EB%B
3%B4& re=1

이수인, 정근(2014) 작곡, 작사. 〈솜사탕〉. https://cafe.daum.net/sin9058/F8Ek/22?q=%EC%86
%9C%EC%82%AC%ED%83%95+%EC%95%85%EB%B3%B4&re=1

인순이(2007). 〈거위의 꿈?. https://blog.naver.com/jubo21/220234701277

작곡, 작사 미상. 〈곰 세 마리〉. https://blog.daum.net/skrehdrkdp/11775133

작곡, 작사 미상. 〈당신은 누구십니까〉. https://cafe.daum.net/kh-amen/71Ms/280?q=%EB%8
B%B9%EC%8B%A0%EC%9D%80+%EB%88%84%EA%B5%AC%EC%8B%AD%EB%8B%88
%E A%B9%8C+%EB%8F%99%EC%9A%94&re=1

처진 달팽이(2011). 〈말하는 대로〉. https://m.blog.naver.com/PostView.naver?isHttpsRedirect=
tr ue&blogId=tolkhin1&logNo=220916125869

핑크퐁(2016). 〈아기 상어〉. https://blog.naver.com/bustre/221115756302

기타

네이버 영화. https://movie.naver.com

딕싯 보드게임. 한국어판 번역 및 편집: 코리아 보드게임즈 개발본부.

마에스트로-음악 작곡가. 작곡 프로그램 앱.

재미있고 쉬운
예술놀이치료기법
●
찾아보기

내용

저자 소개

한유진(Han Eu Gene)
서울대학교 일반대학원 아동가족학과 박사
현 명지대학교 아동학과 교수
    명지대학교 지역사회아동문화연구소 소장
    한국생애놀이치료학회 회장

안명현(An Myung Hyun)
명지대학교 일반대학원 아동학과 박사
전 한국표현예술심리상담협회 회장
현 명지대학교, 백석대학교 객원교수
    봄아동청소년심리발달센터 부설 힐다임성인상담센터 대표

홍정의(Hong Jung Eui)
명지대학교 일반대학원 청소년지도학과 박사
전 명지전문대학, 백석대학교, 전주대학교 외래교수
현 명지대학교 통합치료대학원 예술심리치료학과 겸임교수
    명우예술심리상담연구소 소장

정향미(Chung Hyang Mi)

동덕여자대학교 일반대학원 아동·심리학과 박사

전 동덕여자대학교, 명지대학교 특수대학원, 서울불교대학원대학교 외래교수

현 나비심리발달센터장/Navi심리상담n아트연구소 대표

강민수(Kang Min Soo)

명지대학교 일반대학원 아동학과 박사 수료

전 경희대학교 평생교육원 미술심리상담사 자격과정 강사

현 봄아동청소년심리발달센터 부설 힐다임성인상담센터 소장

　　명지대학교 지역사회아동문화연구소 수석 연구원

정유진(Jung You Jin)

건국대학교 일반대학원 문화·예술치료학과 예술치료전공 박사 수료

전 대구한의대학교, 한국영상대학교 외래교수

현 건양대학교 상담대학원 외래교수

재미있고 쉬운
예술놀이치료기법
–발달단계에 따른 대상별 적용–
Arts Play Therapy Technique with Fun and Easy

2022년 10월 5일 1판 1쇄 발행
2022년 10월 15일 1판 1쇄 발행

지은이 • 한유진 · 안명현 · 홍정의 · 정향미 · 강민수 · 정유진
펴낸이 • 김진환
펴낸곳 • ㈜ 학지사

　　　　　04031 서울특별시 마포구 양화로 15길 20 마인드월드빌딩
대표전화 • 02-330-5114　　팩스 • 02-324-2345
등록번호 • 제313-2006-000265호

홈페이지 • http://www.hakjisa.co.kr
페이스북 • https://www.facebook.com/hakjisabook

ISBN 978-89-997-2768-9　93180

정가 20,000원

출판미디어기업 학지사
간호보건의학출판 학지사메디컬 www.hakjisamd.co.kr
심리검사연구소 인싸이트 www.inpsyt.co.kr
학술논문서비스 뉴논문 www.newnonmun.com
교육연수원 카운피아 www.counpia.com